Kurt Tepperwein

Evolution des Geistes

EVOLUTION DES GEISTES

Kurt Tepperwein

SILBERSCHNUR VERLAG

MIX
Papier aus verantwortungsvollen Quellen
FSC® C014138
FSC
www.fsc.org

ISBN: 978-3-89845-369-1

1. Auflage 2012

Gestaltung & Satz: XPresentation, Güllesheim
Covergestaltung unter Verwendung verschiedener Motive aus: www.fotolia.de
Druck: Finidr, s.r.o. Cesky Tesin

Verlag »Die Silberschnur« GmbH · Steinstr. 1 · 56593 Güllesheim
www.silberschnur.de · E-Mail: info@silberschnur.de

Wir begannen als Mineral.

Wir erhoben uns zum Pflanzenreich, dann in den Stand der Tiere, dann zum Menschsein, und stets vergassen wir das Vorausgehende – ausser im Frühling, wo wir uns fern an das Grünsein erinnern.

So auch wendet ein junger Mensch sich einem Lehrer zu.

Und so sucht das Neugeborene die Brust: Ohne um das Geheimnis seines Verlangens zu wissen, wendet es vom Instinkt geleitet den Kopf.

So wird der Mensch durch diese Wanderungen des Geistes den Weg der Entfaltung geleitet, und wenn wir auch zu schlafen scheinen – innen ist eine Wachheit, welche dem Traum Richtung gibt und die uns eines Tages aufschrecken wird in die Wahrheit unseres Seins.

Rumi

Inhaltsverzeichnis

Vorwort

Ich lade Sie in diesem Buch ein, mit mir auf eine Reise durch die Entwicklung der Menschheit zu gehen - von ihrem Anbeginn bis in die Gegenwart. Da die gesamte Evolution in unseren Genen verankert ist, tragen auch wir alles in uns - von unserem animalischen Erbe bis hin zu unserem universellen Bewusstsein.

Sie erhalten in diesem Kompaktratgeber nicht nur die Anleitung, um Stufe für Stufe höher zu steigen zu einer immer weiter entwickelten Form des Umgangs mit der universellen Energie, sondern Sie lernen auch, sie den jeweiligen Erfordernissen anzupassen. So gibt es keine »guten« oder »schlechten« Frequenzen, sondern nur »stimmige«.

Am Ende der einzelnen Kapitel finden Sie Sätze zum Nachdenken, die als Inspirationen für Sie gedacht sind. Um ein optimales Ergebnis zu erzielen, empfiehlt es sich, die jeweilige Lebensweisheit im Herzen zu bewegen, bevor Sie weiterlesen. Nehmen wir einmal die folgende Aussage:

> Ist es nicht erstaunlich, dass wir Optionen und Möglichkeiten haben, die existieren, ohne dass wir uns dessen bewusst sind?
>
> *Dr. Joseph Dispenza*

Beziehen Sie die Aussage ruhig auf sich. Sie fragen sich dann möglicherweise:

- Wo liegen für mich Optionen und Möglichkeiten, die ich noch nicht kenne?
- Wer oder was hilft mir dabei, mir darüber bewusst zu werden?
- Welche einzelnen Schritte sind dafür zu gehen?

Indem Sie die einzelnen Gedankenimpulse auf sich selbst beziehen und das Erkannte auch in Wort und Tat umsetzen, erweitert sich Ihr Bewusstsein und damit Ihr individueller Beitrag zur menschlichen Evolution ...
Ich freue mich, Sie auf dieser Reise zu sich selbst zu begleiten, und wünsche Ihnen viel Freude bei Ihrer Entwicklung.

Ihr
Kurt Tepperwein

Der Homo sapiens als Übergangswesen

Die Evolutionstheorie ist umstritten. Buddhisten glauben nicht an einen Anfang und demzufolge auch nicht an ein Ende der Schöpfung, Christen dagegen schon. Die Wahrheit ist: In uns findet beides zugleich statt. Wir bestehen aus einem Teil, der sich in immer intelligentere Lebensparadigmen hineinentwickelt, und einer Essenz, die ewig gleich ist. Sie ist unveränderbares, ewiges Sein. Es ist ein Paradoxon, das wir beides in uns bergen. Es ist genauso paradox wie die Tatsache, dass wir eine Wahl und zugleich auch wieder keine Wahl haben. Doch nicht die Schöpfung selbst ist paradox, sondern unser menschlicher Geist ist noch zu beschränkt, um das Schöpfungsparadox zu erfassen und in Worte zu kleiden, da wir bisher in Gegensätzen von hell/dunkel, ja/nein, gegeben/veränderbar zu denken gewohnt waren. Und so wollen wir in diesem Buch den Versuch unternehmen, die einzelnen Aspekte unserer Wahrnehmung zu separieren, um sie dann später wieder zusammenzuführen.

Unser menschlicher Geist ist noch nicht darauf ausgerichtet, das Schöpfungsparadoxon und damit den Umgang mit der universellen Energie zu erfassen, und so sind wir alle Pioniere darin, unseren Geist auf eine Erweiterung seiner Kapazität hin zu trainieren, damit er die universelle Energie begreifen kann. Also, splitten wir auf:

Nach dem Evolutionsmodell ging unser Universum vor etwa 15 Milliarden Jahren mit dem Urknall aus einer Masse von der Größe eines Atoms hervor und verteilte sich in einem gewaltigen Raum, den wir heute das Weltall nennen. Dieses überdimensionale Chaos begann sich irgendwann zu organisieren, und so entstanden Atome, Mineralien und letztendlich Leben. Gemäß Darwin zeichnet sich die Evolution dadurch aus, dass sich von Generation zu Generation immer komplexere Lebensformen bildeten, die mit ihrer Umgebung interagieren konnten. Nicht die stärksten, sondern die intelligentesten, das heißt die anpassungsfähigsten Lebensformen überlebten und entwickelten sich weiter. Irgendwann entstand ein Lebewesen, das nicht nur aufrecht gehen, sondern sich auch verbal ausdrücken konnte. Die Absenkung des Kehlkopfes erlaubte es diesem Wesen nicht nur zu grunzen, sondern gezielt Laute zu bilden, aus denen sich im Laufe der Jahrtausende das entwickelte, was wir heute Sprache nennen. Eine Gattung mit einem derart großen Gehirn und einer noch nie da gewesenen Wandlungsfähigkeit war ein Novum in der Evolution.

Die Gabe, sich anzupassen, zu lernen und sich weiterzuentwickeln, hat dafür gesorgt, dass wir als Menschen heute an der Spitze der Nahrungskette stehen und weitaus kräftigeren Lebewesen wie dem Tiger oder dem Elefanten dank unserer

Intelligenz und unserer Werkzeuge überlegen sind. Doch möglicherweise ist der Mensch, wie Sri Aurobindo vermutet, nur ein Übergangswesen, kein Endziel, sondern eine Brücke zu etwas, das größer ist als er. Und wir in dieser besonders gnadenvollen Zeit haben die Möglichkeit, diesen Brückenschlag nicht nur mit zu beobachten, sondern auch aktiv zu gestalten. Wir werden uns vom »Homo sapiens« zum »Homo spiritualis« und zum »Homo integralis« entwickeln. Doch bis wir dorthin kommen, wollen wir uns erst einmal damit beschäftigen, wie sich die Evolution im Laufe der Jahrtausende gestaltete.

> Alle Kräfte, die das Weltall aufgebaut und geformt haben, haben auch dich aufgebaut und geformt.
>
> Aber du bist mehr als der Gegenstand der Umformung.
>
> *Rigveda*

… DASS ICH EINS BIN MIT DEM WESEN, DAS MICH, DIE GALAXIEN UND DAS ALL ERSCHAFFEN HAT – WIE WURDE DAS AUS DER RELIGION HERAUSGENOMMEN? ES WAR NICHT SCHWER.

Dr. Michael Ledwith

ENTWICKLUNG IM DIENSTE DER MENSCHLICHEN EVOLUTION

Die Evolutionsforschung geht heute davon aus, dass unsere menschliche Entwicklung sehr stark von »Memen« beeinflusst wird. Der Begriff des Mems ist relativ neu. Es handelt sich hierbei um eine Wortschöpfung, die im Jahre 1976 durch Richard Dawkins eingeführt wurde und seitdem in den allgemeinen Sprachgebrauch eingegangen ist. Das Wort Mem stammt vom griechischen *mimema* und bedeutet »etwas Nachgemachtes«.

Sprachlich verwandt mit dem »Mem« sind auch die griechische Göttin der Erinnerung Mnemosyne (Memory) und das französische Wort *même* (deutsch: gleich). Studiert wurden die Meme in der Natur bei den »Vogeldialekten«, doch sie erklären auch, wie die neuen, monotheistischen Religionen in Europa und Amerika an Boden gewinnen und die alten Stammesreligionen durchsetzen oder auch verdrängen konnten.

Vielleicht kennen Sie die Geschichte vom hundertsten Affen. Affen essen gerne Süßkartoffeln, und eines Tages fängt irgendwo auf der Welt einer an, sie im Meer zu waschen, weil sie dann besser schmecken. Doch kaum fängt irgendwo auf der Welt eine Affengruppe damit an, machen es plötzlich alle Affen auf der Welt genauso, auch die auf anderen Kontinenten, die nie direkten Kontakt zu den »Erfinderaffen« hatten. Der Transfer der Information »Wasche deine Kartoffeln im Meer« geschieht über Energiefelder, die sogenannten *morphogenetischen Felder*. Die Veränderung, die dadurch im Bewusstsein des Einzelnen - ob Affe, ob Mensch - erfolgt, sind die Meme.

Wir könnten also sagen, ein Mem ist eine Gedankenform, die von der Evolution übernommen wird. Zigtausende Gedanken durchströmen täglich unseren Kopf, und auf einmal sind da neue Gedankenformen, die vom Bewusstsein Einzelner übernommen werden. Sie drücken sich erst durch Einzelne, später durch immer mehr Menschen aus – sie manifestieren sich dann als eine »Idee, deren Zeit gekommen ist«. »Flower-Power« beispielsweise war erst ein Gedanke, dann manifestierte er sich als Mem. Der Unterschied zwischen einem einfachen Gedanken und einem Mem liegt dabei in seiner Etablierung im Gesamtgefüge der Gattung. Es gibt viele gute und neue Gedanken, aber nur einige von ihnen setzen sich durch und gewinnen dauerhaft an Bedeutung für unsere Spezies. Wir sehen an der Flower-Power-Bewegung, dass viele Aspekte der Bewegung wieder losgelassen wurden, denn sie waren für die Evolution wohl nur teilweise brauchbar. Ob ein Mem die Menschheit dauerhaft verändern wird oder ob es »unter den Tisch der Evolution fällt«, wissen wir demnach nicht im Voraus – es hängt möglicherweise von uns selbst ab.

Inzwischen gibt es sogar eine Lehre von den Memen, Memetik genannt. Sie besagt, dass Meme als Vervielfältiger wirken. Sie werden im Gehirn gespeichert, wo sie eine Mem-Vorlage erzeugen, eine Art innere Matrix, die entweder zur Ausführung kommt oder eben nicht. In diesem Zusammenhang sprechen wir auch von Mem-Entwicklung, die sich in der physischen Veränderung unserer Gehirnzellen zeigt. Doch erst wenn ein Mem lange genug wirkt, vermag es auf das Gen zu wirken und sich über die Generationen hinweg zu vererben - auch unser Umgang mit der universellen Energie könnte so gespeichert werden.
Dem Evolutionsforscher Don Beck haben wir ein Evolutionsmodell der Meme zu verdanken, das ziemlich genau beschreibt, wie wir als Menschen mit der universellen Energie umzugehen begonnen haben und wohin wir uns im 21. Jahrhundert möglicherweise entwickeln werden, ja entwickeln müssen, wenn wir uns als Spezies nicht gegenseitig umbringen und damit aussterben wollen. Sein Modell heißt »Spiral Dynamics«. Don Beck hat den bisher entwickelten Memen Farben zugeord-

net, wobei die Farbe selbst keine Rolle spielt. Nachfolgend eine Kurzdarstellung der entsprechenden Meme, die inzwischen von vielen neuzeitlichen Denkern, wie zum Beispiel von Ken Wilber, aber auch von modernen Politikern als Grundlage ihres Denkens und Handelns genutzt werden. Hierbei sei betont, dass wir alle das Potenzial für alle Meme in uns tragen, auch wenn wir uns vorzugsweise in dem einen oder anderen Netzwerk von Memen bewegen.

Für Don Beck gehören die Meme 1 bis 6 zur eher niedrigen Evolutionsstufe des Menschen, die er »First Tier« (erste Stufe/Gattung) nennt. Sie alle sind gekennzeichnet durch ein Ich. Diese niedrigeren Lebensformen müssen erst einmal Stufe für Stufe durchlebt werden, damit der Mensch zur höheren Handhabung der universellen Energie (»Second Tier« (zweite Stufe/Gattung)), zu der die Meme 7 und 8 gehören, aufsteigen kann. Wir können dies mit der notwendigen Trotzphase vergleichen, die ein Dreijähriger durchleben muss, um später ein willensstarker und zugleich sozialer Mensch werden zu können. Es ist also sinnlos,

Nr./Farbe	Eigenschaften des Mems
1. Beige	Archaisch-instinktiv: Verwendung der universellen Energie ausschließlich instinktiv und zur Triebbefriedigung, 0,1 Prozent der Menschheit.
2. Purpur	Magisch-animistisch: Bündelung der universellen Energie im Stammeszusammenhalt, angstmotiviert, Kontakt mit Geistern, Naturreligionen, 10 Prozent der Menschheit.
3. Rot	Helden und Schurken: Verwendung der universellen Energie zum rohen Durchsetzen des Egos oder eines sich vom Stamm unterscheidenden Ichs, 5 Prozent der Menschheit.
4. Blau	Mythische Ordnung: Kanalisierung der universellen Energie im Rahmen einer strukturierten Ordnung. Traditionell, patriarchalisch, Regeln, 40 Prozent der Menschheit.

Nr./Farbe	Eigenschaften des Mems
5. Orange	Rationalismus: Die universelle Energie wird eingesetzt, um Selbstverständlichkeiten zu hinterfragen, alte Zöpfe abzuschneiden, in Wettbewerb zu treten, 30 Prozent der Menschheit.
6. Grün	Empfindsamkeit und Ebenbürtigkeit: Die universelle Energie lebt für ein Miteinander. Ökologie, Verbundenheit, multikulturell, Greenpeace, 13 Prozent der Menschheit.
7. Gelb	Integrativ-fließend: Die universelle Energie tanzt zwischen den Ebenen. Fixpunkte werden verlagert, Egalität wie auch Hierarchie wird berücksichtigt, 1 Prozent der Menschheit.
8. Türkis	Holistisch: Jeder Einzelne erkennt in sich selbst die ganze Welt, alle Systeme, trägt alles in sich, 0,1 Prozent der Menschheit.

sich gleich im türkisfarbenen Mem ansiedeln zu wollen, das wäre genauso töricht, als würde man einem siebenjährigen Mädchen sagen, seine Aufgabe sei es, Mutter zu werden, und nicht, mit Puppen zu spielen. Das von Don Beck mit Türkis bezeichnete Mem ist nach seiner Auffassung das jüngste und am weitesten entwickelte, wobei es natürlich denkbar ist, dass in Zukunft noch weitere Meme entdeckt und benannt werden.
Betont werden muss, dass es sich hierbei um keine Hierarchien zwischen Menschen handelt, sondern um solche zwischen komplexeren und weniger komplexen Ebenen des Geistes. So wie ein Fötus bei seinem Wachstum alle Stufen der Evolution – von der Kaulquappe zum Fisch und so weiter – durchschreitet, so sind auch wir als kollektive Menschheit durch die gesamten Meme gegangen.

> Ist es nicht erstaunlich, dass wir Optionen und Möglichkeiten haben, die existieren, ohne dass wir uns dessen bewusst sind?
>
> *Dr. Joseph Dispenza*

Nach dem Menschen – wer?

Satprem

Überleben, Schmerz vermeiden

Irgendwann erwachte das Fühlen in der Evolution. Wir wissen nicht, ob ein Stein Schmerz empfinden kann. Bei einer Pflanze können wir das mittlerweile beweisen. Wir als menschliche Spezies teilen mit dem Königreich der Pflanzen und dem der Tiere den Wunsch zu überleben und Schmerz zu vermeiden. Dies meint der Buddhismus mit seiner Aussage, dass Leiden überall sei. Der Buddhismus ist nicht, wie viele glauben, eine pessimistische Religion, sondern er deutet nur auf die Wahrheit: Überall ist Leiden, aber es gibt Wege aus diesem Leiden. Wie? Indem wir die universelle Energie

richtig handhaben. Sobald wir dies können, ist das Leiden beendet. Doch bis dahin ist es unser Lehrer, und wir lernen auf verschiedenen Stufen.
Das Erste, was ein Organismus braucht, ist die Erfüllung seiner Grundbedürfnisse. Dies ist für die Pflanze das Wasser, für das Tier die Pflanze oder das Fleisch und für den Menschen gehören dazu Nahrung, Wasser, Wärme, Fortpflanzung und Sicherheit. Diese Evolutionsstufe (Beige) basiert auf dem rein instinktiven Handeln. Hier gibt es weder Erkenntnisfähigkeit noch Schuld, da keine Bewusstheit. Wir kennen dies auch von uns: Wir haben Hunger - und wenn wir nichts zu essen bekommen, schreien, toben, betteln wir oder suchen nach Nahrung. Die universelle Energie ist hier nur über die Instinkte verfügbar. Stellen wir uns ein Tier vor, das getrieben von Durst dem Instinkt folgt, wo Wasser ist. Hier finden wir Reizreaktion ohne Wahl. Das ist nicht schlecht - es sichert unser Überleben. Und dort, wo wir einen Entzug vom Lebensnotwendigen spüren, sollten wir auch heute noch unsere Instinkte nutzen, um dem Organismus zu geben, was er braucht.

ÜBUNG: Spüren Sie einmal in Ihren Unterbauch, und nehmen Sie Kontakt mit dem »Tier in Ihnen« auf. Nehmen Sie einfach wahr, welches Bild auftaucht, das kann ein zerfledderter Adler sein oder ein hungriger Bär. Wie geht es ihm? Was braucht dieses Tier in Ihnen, und wie fühlt es sich? Frustriert, hungrig, gereizt? Lassen Sie es in der Imagination sagen, wie es sich fühlt und welches seiner Bedürfnisse nicht erfüllt ist: das nach Behaglichkeit, Wärme, Zärtlichkeit, Sicherheit? Versprechen Sie ihm, für es da zu sein. Und nun schlüpfen Sie selbst in dieses Tier hinein, und spüren Sie als dieses Tier, welcher Ihrer Sinne besonders gut entwickelt ist - das Riechen, das Spüren, das Sehen? Als dieses Tier folgen Sie Ihrer Fährte, die Ihnen die Instinkte zeigen. Wenn es sich also beispielsweise um einen hungrigen Bären mit einem struppigen Fell handelt, der sich nach Zärtlichkeit sehnt, dann lassen Sie ihn den Weg zur Erfüllung seiner Bedürfnisse finden. Allein die Absicht wird ihn führen - und achten Sie darauf, wohin. Was taucht auf?

> Vielleicht eine Bärenfamilie in einem behaglichen Zuhause, wo es keine Dornen mehr, sondern nur weiche Efeublätter gibt? Dann lassen Sie Ihren Bären dieses sein Zuhause finden und sich dort niederlassen. Erleben Sie, wie er, das heißt Sie als dieser Bär, dort freundlich aufgenommen wird und glücklich ist. Verschmelzen Sie mit dem Bären und seinem Glück. Und spüren Sie die Fülle und die Geborgenheit, die daraus in Ihnen, in Ihrem Energiefeld entsteht. Dann kommen Sie wieder zurück in Ihren Alltag.

Was Sie eben gemacht haben, war eigentlich ganz einfach: Sie haben die Kraft der Instinkte (beiges Mem) eingesetzt, um Ihre Grundbedürfnisse zu befriedigen. Nun, da sich der Zustand Ihres beigen Mems verändert hat, wird sich auch Ihre äußere Situation positiv verändern, denn das Außen ist nur ein Spiegel des Inneren. Immer, wenn eine Situation Ihnen unangenehm oder auslaugend erscheint, können Sie sich in Gedanken mit Ihrer Bärenfamilie verbinden, um sich derart genährt im Alltag richtig zu positionieren. Und natürlich funktioniert diese Technik auch in allen anderen Situationen, die in Ihrem Inneren wie in Ihrem Außen auftauchen. Die Kraft der Instinkte einzusetzen bedeutet, die universelle Energie auf eine Weise durch sich wirken zu lassen, die die Erfüllung Ihrer Grundbedürfnisse sichert. Die Bedürfnisse in Beige sind recht primitiv, müssen aber erfüllt sein, damit die höheren Meme ihre Funktion ausüben können. Wo immer diese Grundbedürfnisse nicht erfüllt werden, besteht die Gefahr, in frühere Mem-Stufen zurückzufallen - und dann können die besten Gedanken über kollektives Bewusstsein bei dem nicht fruchten, der vor Kälte friert und dessen Magen vor Hunger knurrt. Das beige Mem offenbart unsere Wurzeln - finden wir diese Nahrung, können wir in den Memen weiter aufsteigen und uns um höhere Dinge kümmern.

Neben unserem inneren Tier können uns auch schamanische Rituale in Kontakt mit unseren Wurzeln und dem beigen Mem bringen.

Wir bringen uns in Situationen, die das biochemische Verlangen der Zellen unseres Körpers erfüllen.

Dr. Joseph Dispenza

Wer glücklich reisen will, reise mit leichtem Gepäck.

Antoine de Saint-Exupéry

Nein sagen lernen

Das Zweite, was wir im Laufe unserer Evolution gelernt haben, war, uns abzugrenzen (purpurnes Mem). Timothy Speed nennt das geschönt »Rahmenbildung«. Es ist der Gartenzaun beziehungsweise die Mauer, die uns vom bösen Nachbarn trennt. Abspaltung ist im Umgang mit der universellen Energie jedoch eine notwendige Zwischenstufe der Evolution, die wir nicht vermeiden können. Es ist das Gesetz der Dualität, dass es »Freunde« und »Feinde« gibt, »Gut« und »Böse«, dass Freunde einander helfen und sich gegen die Feinde verbünden. Stets ist es die Angst, die uns zur Cliquenbildung treibt. Wir haben das purpurne Mem tief in unseren Genen verankert. Ein weißes Blutkörperchen muss in unserem Körper zwischen Freund und Feind, gefährlichem und hilfreichem Eiweiß unterscheiden und blitzschnell zuschlagen können. Kann es das nicht, leiden wir an Immunschwäche.

Viele Psychologen sehen es als verdammenswert an, wenn ein Mensch verdrängt, kompensiert, in die Abwehr oder in den Gegenangriff geht, statt den Grund für sein Verhalten herauszufinden. Doch wir verdrängen nicht aus Spaß, sondern weil wir glauben, die Integration von Feinden, Schocks oder Traumata würde in uns ein solches Chaos erzeugen, dass wir nicht länger funktionieren könnten. Für diese Evolutionsstufe ist es also wichtig, dass wir nein sagen können. Wenn wir heute aus einer fortgeschritteneren Perspektive heraus nein sagen, müssen wir daraus auch nicht mehr wie früher einen Ego-Kampf machen. Sobald wir Ego und Selbst zu unterscheiden vermögen, können wir die universelle Energie einsetzen, um nein zum Ego des Bedrohers, aber zugleich ja zu seinem wahren Selbst zu sagen. Wir können also heute sehr wohl unsere Feinde lieben, aber zugleich nein zu unangemessenem Verhalten sagen.

Hanna Moog schreibt über das »innere Nein«: »Das ›innere Nein‹, das zu den Ego-Aktivitäten eines anderen Menschen gesagt wird, gibt dessen wahrem Selbst die Botschaft, dass es unakzeptabel ist, dem Ego zu erlauben, die Persönlichkeit zu beherrschen. Viele Menschen haben jedoch Schwierigkeiten, zu Autoritätspersonen - und das kann auch der eigene Partner sein - nein zu sagen. Die Gründe liegen überwiegend in der eigenen Kindheit. Wenn das Kind zum Beispiel ein klares Gefühl hatte, dass etwas, das der Vater gesagt hat, nicht der Wahrheit entsprach, und ›nein‹ dazu sagte, wurde das Kind bestraft. Die Bestrafung wurde so lange wiederholt, bis das Kind aufhörte, ›nein‹ zu Autoritätspersonen zu sagen, bis diese Fähigkeit blockierte.« Die Unfähigkeit, ein aufrichtiges »inneres Nein« auszudrücken, ist oft mit Traumatisierungen verbunden, die durch Traumatherapie aufgelöst werden können. Ein

Kind, das gelernt hatte, zu Misshandlungen ja zu sagen - zum Beispiel in dem Irrglauben, sonst »böse« zu sein - wird so lange Misshandlungen in seinen späteren Beziehungen erleben, bis es dieses »innere Ja« widerruft.

Übung: Gehen Sie in Gedanken in eine Situation zurück, in der Sie ehrlich und aufrichtig nein zu einem unangemessenen Verhalten gesagt haben und dafür bestraft wurden. Sollte Ihnen nichts einfallen, stellen Sie sich vor, ein anderer Mensch würde diese Bestrafung erleben, vielleicht ein Kind. Spüren Sie noch einmal, wie Sie (beziehungsweise die imaginierte Person) sich damals gefühlt haben, als Sie nein gesagt hatten. War da ein Gefühl von Bedrückung, Angst oder eine Idee von Schuld? Spüren Sie noch einmal, wie schlimm und furchteinflößend das war. Gehen Sie ganz in die Situation hinein. Spüren Sie noch einmal den Schmerz, die Angst. Und dann spüren Sie aus der Mitte von Schmerz und Angst heraus Ihr wahres Selbst aufsteigen, Ihre Bereitschaft, für sich selbst einzustehen. Spüren Sie Ihren Unterbauch, Ihre unteren beiden Energiezentren. Spüren Sie Ihre Erdung, die Verbindung von Beckenboden und Unterlage. Spüren Sie, wie von Ihrem Beckenboden eine aufrichtende Kraft ausgeht, die durch die ganze Wirbelsäule nach oben strömt, so wie bei einem Baumstamm, der durch eine Wässerung an Kraft gewinnt. Und dann denken Sie noch einmal: »Dazu sage ich nein!« – Das heißt nicht, dass Sie verurteilen, sondern Sie drücken einfach aus, dass dieses Verhalten nicht Ihrem wahren Selbst entspricht. Und dann spüren Sie, wie Ihr »Nein zu dem Falschen« die Situation wandelt, sodass daraus ein »Ja zu dem Richtigen« entsteht. Übernehmen Sie die Verantwortung dafür, das alte Drama kreiert zu haben, und halten Sie nun das neue, hilfreiche Bild im Bewusstsein.

Wann immer Sie Angst vor einem Nein haben, setzen Sie sich hin, verbinden sich mit Ihrem wahren Selbst und sagen erst einmal geistig nein zu der Unstimmigkeit. Erleben Sie, wie sich vor Ihrem inneren Auge die Situation ins Positive umkehrt. Erst dann, wenn Sie diese Wandlungskraft erleben, gehen Sie im Außen in die Situation, in der Sie dann auch äußerlich nein sagen können. Sagen Sie nein zum Falschen und ja zum Richtigen - das ist keine Frage einer Bewertung oder eines Urteils und auch kein Egoismus; egoistischer wäre es sogar, aus Bequemlichkeit das Falsche geschehen zu lassen und die Augen davor zu verschließen. Wir können, um einen Extremfall zu nennen, Faschismus als ein Produkt der Zeit wertfrei und voller Mitgefühl betrachten, ohne ihn moralisch zu verurteilen - und doch zugleich selbst nein dazu sagen. Das Gleiche gilt auch, wenn Ihr Partner oder Ihr Chef etwas von Ihnen fordert, von dem Sie wissen, dass es dem großen Ganzen nicht guttut. Zum Neinsagen gehören auch Ketzertum und ziviler Ungehorsam dort, wo er im Dienste des Selbst steht. Ja, manchmal gehört sogar auf einen groben Klotz ein grober Keil, wenn es nicht anders geht. Doch stets müssen wir im eigenen Wirkungsradius beginnen, denn dort trifft das Leben auf das eigene Sein. Indem Sie spüren, was gegen die innere Ordnung verstößt, und dazu mutig nein sagen, indem Sie aus dem Selbst heraus die Egoismen ausgrenzen, verwirklichen Sie die Kraft der purpurnen Meme.

> Warum stellen Menschen keine tiefsinnigen Fragen?
>
> Weil die Antworten vielleicht nicht die sein könnten, die sie sich erhoffen?

Der andere, zu dem eine Beziehung besteht, gehört zu deiner Mannschaft.

Chuck Spezzano

Sippenbewusstsein

Wir können die Kraft des purpurnen Mems auch als die Kraft der Sippe nutzen, wie es beispielsweise in Familienaufstellungen gemacht wird. Die Reaktion im purpurnen Mem ist die Verbindung mit Stärkeren. Wenn ein Kind, das sich bedroht fühlt, unter Mutters Rock flüchtet, ist dies Ausdruck des purpurnen Mems, ebenso wie der Zusammenschluss von Urwaldeinwohnern zu Stämmen. Sie wissen, dass sie nur durch das Zusammenhalten gegen die Bedrohungen des Urwaldes überleben können. Das Ausgestoßenwerden aus einem Stamm bedeutete für den

Eingeborenen den sicheren Tod - das zeigt uns die Notwendigkeit der Einbindung des Einzelnen in seine Sippe. Auf dieser Ebene müssen wir von den Eltern »nehmen« können, das heißt, den elterlichen Segen annehmen - weil ansonsten unser purpurnes Mem nicht für uns arbeiten kann. Daher sind auch so viele Menschen, die mit ihren Eltern im Streit liegen, erfolglos - weil sie nicht vom eigenen Stamm gespeist werden. Die Zwietracht gegenüber der eigenen Sippe zieht sie dann, trotz all ihrer Versuche, positiv zu denken, wieder zurück in die Abhängigkeit, und das Kartenhaus des Erfolgs bricht in sich zusammen, wenn der Betreffende nicht harmonisch in seine »mystische Stammesgemeinschaft«, das heißt die Sippe, eingegliedert ist. Der Einsatz der universellen Energie zeigt sich auf dieser Ebene als die Gabe, sich mit der eigenen Sippe zu assoziieren.

ÜBUNG: Nehmen Sie einen tiefen Atemzug. Sehen Sie in Gedanken Ihre Ahnen vor sich stehen, in der ersten Reihe vielleicht Ihre Eltern, in der zweiten Ihre Großeltern und in den hinteren Reihen werden Sie eventuell Gesichter sehen, die Sie nicht mehr kennen - aber alle machen Ihre Sippe, Ihren Stamm aus. Verbeugen Sie sich vor ihnen, und fragen Sie sie, ob sie mit Ihrem Wirken hier auf Erden glücklich sind. Es geht hierbei nicht um die Egos der Einzelpersönlichkeiten, sondern um das Höhere Selbst, die ursprüngliche Absicht Ihrer Sippe. Sind Sie mit ihr und ist sie mit Ihnen in Frieden? Fragen Sie: »Was kann ich noch besser machen, um meine Sippe hier auf Erden zu verkörpern?« Spüren Sie ihre Kraft in Ihrem Rücken. Wann immer Sie sich im Alltag blockiert oder scheinbar feindlichen Kräften ausgeliefert fühlen, verbinden Sie sich erst einmal auf der Basis des purpurnen Mems mit Ihrer Sippe, deren Kraft und Inspiration. Zugleich können Sie die Dinge in Ordnung bringen, die möglicherweise durch Ihre Vorfahren in Unordnung geraten sind, beispielsweise durch das folgende Gebet:

Aloha

Göttlicher Schöpfer, Vater, Mutter und Kind in einem.

Wenn meine Familie, meine Verwandten oder meine Vorfahren jemanden oder dessen Familie, dessen Verwandten oder dessen Vorfahren in Worten, mit ihrem Verhalten oder ihren Taten jemals beleidigt, verletzt oder in unwürdiger Weise behandelt haben, dann bitten wir hiermit um Vergebung. Lass dieses Gebet Reinigung und Auflösung sein von allen schlechten Gefühlen, Erinnerungen, Blockaden, Energien und Vibrationen, und verwandle all diese unerwünschten Energien in reines Licht.

Amen!

Wer niemals Honig gekostet, dem schmecken Holzbirnen süss.

David von Augsburg

Die Reise der Helden

Im Zusammenleben mit dem Stamm bildeten sich mehr und mehr stärkere und begabtere Einzelpersonen heraus, die nicht nur mehr konnten und vermochten als andere, sondern sogar in der Lage waren, ohne den Stamm zu überleben. Die übermenschlichen Kräfte reichten bis in den Himmel, und so war das rote Mem auch eine Zeit der Halbgötter und Dämonen. Eine große Rolle bilden hier der Ruhm und die Macht. Es ging um die Durchsetzung des Egos um jeden Preis, zugleich aber auch um die Geburt eines vom Stamm abgesonderten Ichbewusstseins.

Im Allgemeinen repräsentiert das rote Mem »das Wilde« in uns, den wilden Mann, die wilde Frau, wie sie in unserer heutigen, domestizierten Gesellschaft nur noch selten - und wenn überhaupt, dann in unangenehmer Form - zu finden sind, beispielsweise als Rocker, als Rebellin. Doch wir können im Umgang mit der universellen Energie keine Evolutionsstufe überspringen. Wenn wir das Wilde in uns töten, so töten wir damit auch zugleich das Ursprüngliche in uns, das, was unsere individuelle Schönheit ausmacht. Wild zu sein bedeutet nicht automatisch, Alkohol zu trinken, laut zu pöbeln und sich unangemessen zu verhalten. Das erlöste Wilde, wie es im roten Mem gemeint ist, zeigt sich vielmehr in Büchern wie *Die Wolfsfrau* oder *Eisenhans*. Wir brauchen das Wilde in uns, nicht nur für eine erfüllte Sexualität, sondern auch als Ausdruck unserer Ursprünglichkeit.

Die Notwendigkeit des roten Mems zeigt sich sehr schön im biblischen Gleichnis vom verlorenen Sohn. Wenn wir uns dem Zwang beugen, einem höheren Gesetz zu dienen, ohne dass das wirklich von innen kommt, ist es etwas Aufgesetztes. Uns fehlt »das Salz«. Menschen, die ihr rotes Mem nicht leben, wirken oft scheinheilig, es fehlt ihnen an Authentizität. Vielleicht ist dies der Grund, warum Jesus die Zöllner mehr liebte als die Pharisäer. Stets baut ein Mem auf dem anderen auf - bevor wir unseren Platz in Tradition und Ordnung würdig einnehmen können (nachfolgendes blaues Mem im nächsten Kapitel), müssen wir erst einmal durch die »rote Phase« gehen. Das rote Mem ist die Geburt des freien Willens, die Vertreibung aus dem scheinbaren Schlummerparadies der Unbewusstheit, die Geburt der Sünde, ohne die keine Heimkehr möglich ist. Es ist der Teil in uns, der auf moralische Belehrungen pfeift und auszieht, das Fürchten zu lernen.

Wenn aus den Normen ausbrechende Menschen im Dienste einer größeren Sache lebten, so wurden sie Helden genannt. Das Wort Held kommt vom althochdeutschen »Helido« und könnte mit der Keltengöttin Hel zusammenhängen, deren Name wir unter anderem in »Frau Holle« wiederfinden. Im Lauf der Jahrhunderte entwickelten sich Heldensagen (Epen) von starken Persönlichkeiten, die dem Stamm als Vorbild dienten, wie zum Beispiel Herkules, Siegfried oder Jeanne d'Arc. Menschen, die sich in negativer Weise vom Stamm absonderten, wurden hingegen Schurken genannt. Das Wort Schurke ist sprachverwandt mit »schüren«, beispielsweise das Schüren von Zwietracht, Hass oder auch von Feuer (ahd. fiurscurgo = der Feuerschürer). Auf einer späteren Evolutionsstufe werden wir sehen, dass Held und Schurke einander bedingen, da wir letztendlich alle »eins« sind. Doch auf der Ebene des roten Mems sollten wir uns für den Helden entscheiden. Es ist die Kraft, ja zu sich selbst zu sagen, zur eigenen Individualität. Wir ordnen diese Kraft üblicherweise der Thymusdrüse zu. Es ist die Kraft, zu sich selbst zu stehen, ohne recht haben zu wollen - die Kraft der Selbstliebe und der gesammelten Aufmerksamkeit, wie sie auch im japanischen Kampfsport Kendo geübt wird. Dort heißt sie Metsuke und verweist bereits auf Gaben später entwickelter Meme:

»Bei dieser Übung muss der Kämpfer seinen Gegner zutiefst erfassen, und zwar augenblicklich. Im tatsächlichen Kampf darf man nämlich nicht mit viel Zeit für so etwas rechnen. Der Schüler lernt hier gleichsam, mit zwei Augenpaaren zu sehen. Das eine beobachtet die Augen des Gegners, an denen abzulesen ist, was in ihm vorgeht, während das andere auf seinen Körper achtet. Diese ›zweischichtige‹ Art des Sehens erscheint einem anfangs nahezu unmöglich. Deshalb lautet die Anweisung häufig, man solle den Gegner ansehen, als wäre er ein ferner Berg. Musashi (Anm.: ein berühmter Samurai) nannte diese Art des Sehens die ›distanzierte Betrachtung aller Dinge‹.«

ÜBUNG: Stellen Sie sich vor, Sie schreiben Ihr eigenes Heldenepos. Notieren Sie dafür einmal die zehn wichtigsten Stationen Ihres Lebens, in denen es darum ging, wild und frei zu handeln. Hierbei ist egal, ob Sie es nur gern getan hätten - oder ob Sie wild gehandelt haben und dadurch in Schwierigkeiten geraten sind. Notieren Sie vor allem solche Situationen,

mit denen Sie vielleicht heute noch Ihre Probleme haben oder für die Sie sich insgeheim bis heute verurteilen. Wenn Sie möchten, können Sie dabei chronologisch vorgehen.
Es spielt keine Rolle, ob die einzelnen Lebenssituationen angenehm oder unangenehm waren, ob Sie dabei nach außen hin eine glückliche oder eine unglückliche Figur abgegeben haben. Und dann finden Sie für jede Ihrer Handlungen die *bestmögliche* positive Absicht, die dahintersteckte. Es geht hierbei um eine positive Neubewertung, die Ihre Immunkraft stärkt und Ihnen hilft, »ichstark« zu leben. Die positive Neubewertung, die Sie finden, sollte allerdings nicht auf einer anmaßenden oder egoistisch-primitiven Perspektive beruhen, sondern Ihnen helfen, Ihr »wildes« Verhalten als den jeweils bestmöglichen Ausdruck - gemäß Ihrer damals gegebenen Fähigkeiten - Ihres Daseins zu würdigen und damit in Frieden zu kommen. In einer dritten Spalte notieren Sie, wie Sie im optimalen Fall gern gehandelt hätten, und visualisieren dieses

ideale Verhalten. Dadurch kann Ihr rotes Mem gesunden. Am besten gehen Sie chronologisch vor und versetzen sich noch einmal in den Menschen, der Sie damals waren.

Nachfolgend einige Beispiele von Klienten:

1. **Ereignis (Macht, Ruhm):** Ich habe einen Klassenkameraden bis zum Streit provoziert und bin dann doch geflohen.
   Versöhnende Interpretation: Es war ein Versuch, so gut ich konnte zu zeigen, dass ich mir nicht alles gefallen lasse.
   Ideales Verhalten: Ich drücke sehr authentisch und kraftvoll meine Wut darüber aus, dass ich mich unterlegen fühle, und zeige, wie das Verhalten der anderen mein Leben beeinträchtigt.

2. **Ereignis (Macht, Ruhm):** Ich fühlte Unbeholfenheit und Scham als Teenager, als mich der Traumtyp von nebenan ansprach.
   Versöhnende Interpretation: Ich ehre meine Unbeholfenheit, das ist völlig in Ordnung,

auch dass ich sie vertuschen wollte, damit bin ich nicht allein auf der Welt.
Ideales Verhalten: Ich bin bereit, weiche Knie zu haben und mich unsicher zu fühlen. Ich atme in mein Herz und lasse mich in der Situation führen.

3. **Ereignis (Macht, Ruhm):** Ich bin einer Konfrontation mit einem aggressiven Kollegen aus dem Weg gegangen und habe hinter seinem Rücken gegen ihn agiert.
   Versöhnende Interpretation: Ich fand den damals geschicktesten Weg, mich durchzusetzen, und ich anerkenne mich für meine Gabe, den schwächsten Punkt im anderen finden zu können.
   Ideales Verhalten: Ich konfrontiere mich mit der aggressiven Energie des Kollegen, auch wenn ich Angst habe, und ich lerne, die Angst zu spüren und trotzdem für mich einzustehen.

4. **Ereignis (Macht, Ruhm):** Ich agiere meine Sucht aus bis zum Exzess.

Versöhnende Interpretation: Ich erkenne, dass dies der damals direkteste Weg war, Lebenslust zu spüren, auch im Stress.
Ideales Verhalten: Ich spüre hin, was der Suchtimpuls mir sagen will, was seine Botschaft ist; ich erkenne, was ich in meinem Leben verdrängt und durch Sucht ersetzt habe, und finde konstruktive Wege, das Verdrängte ins Selbst zu holen.

5. **Ereignis (Macht, Ruhm):** Ich betrüge meine Kunden um des Geldes willen.
Versöhnende Interpretation: Es war ein Versuch, für mein Überleben zu sorgen, ohne dass mir damals die geistigen Gesetzmäßigkeiten bewusst gewesen wären.
Ideales Verhalten: Ich finde einen weisen Freund und Mentor, dem ich meinen Hunger nach Macht und Wohlstand mitteile und der mir hilft, auf einem lauteren Weg zu beidem zu kommen.

6. **Ereignis (Macht, Ruhm):** Ich habe einen Hass auf das ganze Konsumsystem und möchte am liebsten alles vernichten, insbesondere die Blender und Aufschneider.
   Versöhnende Interpretation: Ich erkenne, dass hinter diesem Hass Schmerz und unerfüllte Bedürfnisse stecken, und habe Mitgefühl mit mir selbst.
   Ideales Verhalten: Ich mache mir bewusst, dass mich nichts so reich macht wie der innere Frieden und die Stimmigkeit eines Handelns jenseits von Emotionen.

7. **Ereignis (Macht, Ruhm):** Ich habe durch mein Geborenwerden meine damals ziemlich armen Eltern vor Probleme gestellt.
   Versöhnende Interpretation: Ich habe meinen Eltern durch mein Geborenwerden die Möglichkeit gegeben, Farbe zu bekennen, zu wachsen und sich dem Leben zu stellen.
   Ideales Verhalten: Ich genieße meine Zeugung, meine Embryophase und meine Geburt, wie auch immer sie gewesen sein mag.

8. **Ereignis (Macht, Ruhm):** Ich habe Schulden gemacht und unsere Gesellschaft betrogen.
Versöhnende Interpretation: Ich spüre, dass diese Phase wichtig war, um etwas in mir freizulegen, und weiß, dass die universelle Energie mich trotzdem liebt.
Ideales Verhalten: Ich bereue, was ich getan habe, und sage denen, die ich betrogen habe, die magischen Worte »es tut mir leid« und »ich liebe euch«.

9. **Ereignis (Macht, Ruhm):** Ich habe zugelassen, dass mein Chef mich terrorisiert, und habe keinen Ausweg aus diesem Schikaniertwerden gefunden.
Versöhnende Interpretation: Ich nehme den Teil in mir an, der sich unbeholfen fühlt und keinen Ausweg weiß, und ich gebe jeden Tag mein Bestes.
Ideales Verhalten: Ich sehe, dass der aggressive Chef ein Teil von mir ist, und löse das Problem, indem ich das aggressive Muster in mir löse und verändere.

Sie können die Kraft des roten Mems übrigens auch einsetzen, indem Sie sich in jeder Situation, bei jeder Aussage eines anderen, in jeder Lebenslage fragen, was das Leben beziehungsweise der andere Ihnen *günstigstenfalls* signalisieren wollte. Indem Sie entsprechend neu bewerten und umerleben, lassen Sie die universelle Energie durch Ihr rotes Mem fließen.
Wann immer Sie spüren, dass es Ihnen an Heldenkraft mangelt, finden Sie eine positive Neubewertung der Situation, und imaginieren Sie Ihr bestmögliches Verhalten. Auch das Lesen von Heldensagen kann Sie in Kontakt mit dem roten Mem bringen. Wie sagte einmal jemand: »Das Leben ist zu kurz, um es kläglich zu führen!«

Es gibt keinen Gott, der die Menschen verdammt. Jeder ist Gott.

Ramtha

Bewusstsein erzeugt Realität.

Eugene Wigner

Leben in einer Ordnung

Aufgrund der Zwistigkeiten der vielen Halbgötter und Vielgottheiten erwuchs im kollektiven Bewusstsein das Bedürfnis nach einem Übergott, der Himmel und Erde regiert. Es war die Zeit des Zarathustra und anderer Religionsgründer, die im blauen Mem beheimatet sind. Man suchte einen strengen, gerechten - oder auch gütigen Gott. Wir können uns an dieser Stelle fragen, ob Gott den Menschen oder der Mensch Gott erschaffen hat. Doch erinnern wir uns daran, dass alles - jede Evolutionsform, in der wir uns befinden - die universelle Energie auf bestmögliche Weise ausdrückt. Dabei ist jede weitere Stufe ein umfassenderer Ausdruck und eine logische Folge der vorangegangenen und bietet zugleich die Basis für den nächsten Evolutionsschritt.

Im blauen Mem glaubt der Mensch an eine göttliche Ordnung, der er sich unterzuordnen bereit ist. Er erkennt den Schmerz des Getrenntseins vom Ganzen, den ihm seine Reise durch das rote Mem gebracht hatte, und sucht Sicherheit sowie Stabilität in der Form weltlicher und göttlicher Gesetze. Die Zehn Gebote »Du sollst nicht ...« sind Ausdruck des blauen Mems.

Seine Schattenseiten liegen im Widerstand gegen Veränderungen, in der Verteidigung des Etablierten und in der Unfähigkeit, auf komplexe Weise mit der Vielfältigkeit des Lebens umzugehen. So zeigen sich alle »blauen« Religionen auch dogmatisch und starr; sie müssen es auch sein als Weiterentwicklung und Abgrenzung gegenüber den »heidnischen« roten Memen. Statistisch, sagt man, werden 40 Prozent der Menschen vom blauen Mem beeinflusst. Das Alte, Starre, Moralische wird gelobt. Hier finden wir viktorianische Prüderie und das Lied »Wir wollen unseren

Kaiser Wilhelm wiederhaben«, aber auch das Kastensystem und den Adel. Das blaue Mem ist ethnozentrisch und hängt einem mythisch-fundamentalistischen Glauben an einen patriarchalischen Gott an.

Das Geschenk des blauen Mems im Umgang mit der universellen Energie liegt in Gläubigkeit und Frömmigkeit, der Hinwendung des Menschen zum Höheren, zum Kaiser, zum Papst beziehungsweise zu Gott. Zu ihm gehören auch »Law and Order«, die Rechtsstaatlichkeit. Seine Schwäche liegt in der Unfähigkeit, kritisch zu denken, Dinge infrage zu stellen. Wie sagt man so schön: »Wer's glaubt, wird selig!« Ohne echten, tiefen Glauben erfahren zu haben, werden wir uns schwertun, die universelle Energie in allem, was ist, zu erleben. Deshalb ist es notwendig und auch wichtig, sie erst einmal als persönliches Gottesbild zu erleben und sich dieser Energie anzuvertrauen, im Einklang mit ihr zu leben.

ÜBUNG: Lesen Sie einmal das Vaterunser in der nachfolgenden, leicht abgeänderten Fassung, und spüren Sie, was es in Ihnen auslöst:

»Vater unser,
der du bist im Himmel und in mir,
geheiligt werde dein Name,
dein Reich komme,
dein Wille geschehe,
im Himmel wie auf Erden.
Unser tägliches Brot gib uns heute,
und befreie uns in die Gnade,
wie auch wir bereit sind,
dich zu leben und zu lieben,
denn dein ist das Reich und die Kraft
und die Herrlichkeit.
Amen.«

Wenn Ihnen diese Formulierung sympathisch ist, können Sie sie als Gebet verwenden. Andernfalls suchen Sie sich ein anderes Gebet, zum Beispiel das »Ave Maria« oder eine Gebetsformel aus einer anderen Religion. Und wenn Sie sich dann ganz auf eine gütige Gottesperson eingestimmt haben, stellen Sie sich vor, diese Person sei da und Sie könnten mit ihr reden. Sagen Sie Ihr, was Sie auf dem Herzen haben, und öffnen Sie sich geistig dafür, Frieden, vielleicht sogar eine Antwort zu empfangen.

Wann immer Sie Schutz, Hilfe oder Führung brauchen, können Sie über Ihr Gebet mit Ihrem Gott, Ihrer höchsten Persönlichkeit in Kontakt treten. Im Loslassen und in der Hingabe an diese eine Kraft finden Sie Frieden und Inspiration. Die Idee einer höchsten Person (in einer Gestalt oder formlos) kann dabei sehr hilfreich sein. Indem Sie sich der höchsten Kraft hingeben, verwirklicht sich durch Sie die Kraft des blauen Mems. Sie nutzen die universelle Energie, um mit der höchsten Kraft im Universum - soweit es Ihr Verständnis erlaubt - in Kontakt zu treten. Dort, wo es Ihnen nicht möglich ist, die Eigenverantwortung für Ihr Leben beziehungsweise Ihr Schicksal zu übernehmen, hilft Ihnen im blauen Mem der

Glaube an die Unergründlichkeit Gottes, mit der höheren Macht in Frieden zu kommen, sich von ihr speisen zu lassen.

> Porphyrius epistola ad marcellam:
> Denn der Aufstieg zu Gott gelingt nicht den Menschen, die in Annehmlichkeiten gelebt haben, sondern nur denen, die gelernt haben, auch in den schwersten Zufällen des Lebens mutig auszuharren!

Lateinisches Sprichwort

Jetzt sind die guten alten Zeiten, nach denen wir uns in zehn Jahren zurücksehnen werden.

Peter Ustinov

Materielle Verwirklichung

Irgendwann erwacht das Bedürfnis nach Aufklärung im Menschen (orangefarbenes Mem). Der Einzelne entwickelt die Gabe, Selbstverständlichkeiten anzuzweifeln. Persönlichkeiten wie Martin Luther stellten die Unfehlbarkeit der katholischen Kirche infrage, »Ketzer« hinterfragten bestehende Dogmen. Der Einzelne möchte nach seiner eigenen Façon selig werden, statt sich der Herdenmentalität des blauen Mems zu fügen und sich seiner Hierarchie unterzuordnen.

Infrage stellen bedeutet, den bisherigen Glauben loszulassen, und so drückt das orangefarbene Mem den Materialismus aus. Der Wissenschaftler sagt hier: Ich habe die Materie analysiert und auseinandergenommen, aber nirgendwo Gott gefunden. Wahr ist nur das, was ich anfassen kann, was ich mit meinen physischen Sinnen erfassen kann.

Die Abwendung von den »blauen« Traditionalisten bescherte uns eine ungeheure Zunahme an wissenschaftlichen Erfindungen, die industrielle Revolution, die freie Marktwirtschaft, Wettbewerb und den Imperialismus (wer bekommt das größte Stück vom Kuchen der materiellen Welt?). Alles war darauf ausgelegt, das physische Leben angenehmer zu machen. Mit dem Imperialismus erwachte auch der Liberalismus (lat. libertas = Freiheit), die freie Presse und das Recht des Einzelnen, Normen zu hinterfragen. Die große Stärke des orangefarbenen Mems liegt in der Abkehr vom Verstaubten, also im Fortschrittsdenken und in der Begründung der individuellen Rechte, die letztendlich jedem Menschen Chancen für die individuelle Selbstverwirklichung einräumen, in der USA-Verfassung nennt man es das »Recht auf Glück«.

Die Aufklärung kreierte eine auf Vernunft und Wissenschaft basierende Identität: Menschenrechte bekämpften Sklaverei, die Revolution stürzte die Monarchie, das autonome Ego bekämpft das »Man sollte«, die Wissenschaft bekämpft das Dogma.

Wie bei jeder neuen Stufe besteht auch hier die Gefahr, das Kind mit dem Bade auszuschütten, das heißt, die Errungenschaften der vorangegangenen Stufen zu leugnen, statt sie zu integrieren und sie als Basis, als Sprungbrett für das eigene Wachstum zu erkennen. Während Newton in Gott noch den Meisterarchitekten sah, der von irgendwo hoch am Himmel auf die tote, materialistische Welt einwirkt, entdeckten spätere Wissenschaftler, dass sie auch sehr gut ohne Gott auskommen konnten. »Gott ist tot«, schrieb Nietzsche, und Voltaire erklärte: »Was kümmert mich der Tod? Wenn ich da bin, ist der Tod nicht da, und wenn der Tod da ist, bin ich nicht da!«

Die Scheu vor der universellen Energie, aber auch das Empfinden des Getrenntseins von anderen Menschen (Konkurrenzdenken) war lange Zeit eine große Schwäche des orangefarbenen Mems, bis man eines Tages entdeckte, dass die universelle Energie durchaus bereit ist, sich in den Dienst der materiellen Erfüllung zu stellen. Etwa 30 Prozent der Menschheit sind im modernen orangefarbenen Mem verwurzelt.

Eine Möglichkeit, das orangefarbene Mem zu stärken, liegt darin, Glaubenssätzen und Überzeugungen auf die Spur zu kommen, das heißt, das zu hinterfragen, was Sie glauben. Wissenschaftlich vorgehen bedeutet, einen Zusammenhang zwischen Ursache und Wirkung zu erkennen. Im Klartext: Könnte es sein, dass Ihr Leben ein Spiegel Ihrer Glaubenssätze ist? Im Volksmund sagen wir zwar: »Ich glaube es erst, wenn ich es sehe!« Aber vielleicht ist es auch anders herum: »Wenn ich es glaube, werde ich es erkennen!« Ein deutliches Beispiel dafür lieferte ein Privatflugzeug, das auf einer einsamen Autostraße am helllichten Tag eine Notlandung vollführte. Kurz darauf krachten mehrere Autos in das Flugzeug, obwohl genug Platz zum Ausweichen gewesen wäre. Als die Autofahrer später gefragt wurden, warum sie denn nicht ausgewichen seien, antworteten sie: »Ich habe das Flugzeug nicht gesehen!« Da sie nicht glauben konnten, dass ein Flugzeug auf einer Straße landen würde, sahen sie es auch nicht. Alte Zöpfe abzuschneiden, ist eine besondere Gabe des orangefarbenen Mems, die Qualität loszulassen, was Ihrem Leben nicht mehr dient. Nachfolgend drei Übungen, mit deren Hilfe Sie Ihr orangefarbenes Mem stärken können.

Übung 1: Nehmen Sie sich eine Lebenssituation vor, in der Sie sich mehr Erfolg wünschen. Fragen Sie sich einmal: »Was möchte ich loslassen, was mich bisher an meinem Erfolg gehindert hat?« Gehen Sie in sich. Spüren Sie Ihren unsterblichen Wesenskern, Ihr Höheres Selbst, Ihre tiefere Intelligenz ... wie auch immer Sie es bezeichnen möchten. Es kann sein, dass Ihnen nicht sofort etwas Passendes einfällt. Dann fragen Sie sich: »Wenn ich wüsste, was es jetzt loszulassen gilt, was wäre dies?« Und dann sprechen Sie aus Ihrer inneren Mitte heraus die Worte: »Ich lasse ... los!« Zum Beispiel: »Ich lasse alten Schmerz los!«, »Ich lasse Enge im Bewusstsein los!» »Ich lasse Abgehobenheit los!« Und so weiter.

Wichtig bei dieser Übung ist, dass Sie jeden Gedanken, den Sie aussprechen, auch innerlich vollziehen. Sie spüren Ihr »Ich bin«, den unsterblichen Wesenskern. Als solcher sprechen Sie. Und dann sprechen Sie Ihre Loslass-Formel. Spüren Sie dabei in Ihren Körper hinein, wie der Loslass-Gedanke seine Arbeit tut. Erst wenn Sie spüren, dass der Gedanke in Ihrem Körper angekommen ist und sich ausgebreitet hat, sagen Sie danke und verwenden die nächste Loslass-Formel. Es ist wie bei den japanischen Papierblumen, die Sie zusammengeknüllt ins Wasser werfen und die sich dann zu wunderschönen Blumen entfalten. Oder wie mit zusammengerollten Teeblättern, die sich unter heißem Wasser öffnen. So wie ein Tee einige Minuten ziehen muss, damit sein Geschmack das

Teewasser durchdringt, so müssen Sie jeden Loslass-Gedanken in Ihrem Inneren sich ausbreiten und Ihr inneres Wasser informieren lassen.

ÜBUNG 2: Was würden Sie gern noch erleben? Welcher Traum hat sich für Sie noch nicht verwirklicht? Was wäre Ihnen momentan wichtig? - Auch hier ist es wichtig, nicht Ihren Verstand zu fragen, sondern Ihre tiefere Intelligenz. Gehen Sie also nach innen, und spüren Sie nach. Die universelle Energie fällt kein Urteil über Ihren Wunsch, egal, wie groß oder wie klein, wie moralisch oder unmoralisch er ist. Die Wahl des Wunsches sollte nur deshalb aus dem höchsten Bewusstsein heraus erfolgen, damit Sie selbst auch Freude an der Verwirklichung haben. Und aus einem weiteren Grund: Emotionen des Begehrens kommen und gehen, ebenso wie begeisternde Gedanken. Sie sind deshalb nicht zuverlässig. Wenn Sie sich aufgrund einer Gefühlsaufwallung oder einer schnellen Begeisterung etwas wünschen, werden Sie möglicherweise keine Lust mehr an der Erfüllung haben, sobald die Emotion abgeklungen oder der Gedanke entschwunden ist, und deshalb das, was Sie sich eigentlich erträumen wollten, unbemerkt wieder abbestellen. Fragen Sie sich deshalb aus der Tiefe Ihres Selbst heraus: »Was ist mir wirklich wichtig?« Finden Sie dann ein Ritual, das Sie darin unterstützt, diesem Ziel regelmäßig Aufmerksamkeit zu widmen.

ÜBUNG 3: Sie eignet sich für den gesamten Alltag: Fragen Sie sich in jeder Lebenslage, was Ihre Absicht ist, was Sie wirklich wollen. Egal, ob es sich um eine anstehende Konferenz handelt oder um ein Rendezvous mit Ihrer Freundin, um einen bevorstehenden Wettkampf oder ein Kundengespräch. Absicht muss nicht auf wenige große Ziele beschränkt sein. In jeder Lebenslage ist die Ausrichtung auf Ihre »wahre Absicht« eine Hilfe, die Sie die Schleier der unbewussten Gedanken und die Wallungen der Emotionen durchdringen und »jenseits von Illusionen« handeln lässt.

Seien Sie hellhörig, wann immer Sie das Wort »man« hören, beispielsweise in dem Ausdruck »Das tut *man* nicht.« Seien Sie wachsam, wenn Sie bemerken, dass Sie sich - einer Norm gehorchend - anders verhalten, als es für Sie stimmig ist, etwa weil Sie sich fragen: »Was sollen denn die Leute sagen?« Spüren Sie, wo Sie von dem, »was sich gehört«, gefesselt sind, und finden Sie Wege, sich in Ihren Beziehungen zu befreien, indem Sie all diese Dinge infrage stellen - statt sich wie ein Kind oder wie eine autoritäre Elternfigur in Abhängigkeitsspiele zu verwickeln. Setzen Sie sich gegen Bevormundung durch, und schütteln Sie Pseudoautoritäten ab - nicht in einem »roten« Wutanfall, sondern aufgrund höheren Wissens. Nicht weil Sie einfach nur wild (rot) sein wollen, sondern weil Sie Ihre Überzeugungen untersucht, Selbstverständlichkeiten hinterfragt und zu tieferen, befreienderen Einsichten gelangt sind.

Im orangefarbenen Mem lernen Sie, dass Sie Einfluss haben. Sie lassen den Gedanken der Ohnmacht los und spüren Ihre Wirkkraft. Erfahren Sie in den Lebensbereichen, die Ihnen wichtig sind, wie sich durch Sie Verwirklichung vollzieht. Entwickeln Sie den Mut, Ihr ganz eigenes Verständnis von Leben zu realisieren, indem Sie sich auf diese Verwirklichung konzentrieren. Im orangefarbenen Mem praktizieren Sie die Weisheit, dass die universelle Energie jede gewünschte Form annehmen kann, der Sie Aufmerksamkeit schenken. Dies gibt Ihnen das Gefühl der Stärke und Unabhängigkeit, die Sie für die nächste Stufe brauchen, auf der Sie dann Ihr stark gewordenes Ich in das Ganze einbringen. Das orangefarbene Mem ist »sexy« und vital - leben Sie diese Vitalität!

JENSEITS VON »GUT UND BÖSE« – DA SEHEN WIR UNS WIEDER.

Rumi

Wenn jeder Mensch alle Menschen liebte, besässe jeder Einzelne die Welt.

Friedrich von Schiller

Ökologisch leben – brüderlich leben

Es ist offenbar wichtig, seine Identifikation mit dem Wettbewerb zu leben, um sie später loslassen zu können. Für den Übergang vom orangefarbenen zum grünen Mem ist es möglicherweise bedeutungslos, wie erfolgreich man im Wettbewerb war. Es geht darum, mit dessen Qualität und dem Anspruch, individuelle Träume zu verwirklichen, in Frieden zu kommen. Was dies bedeutet, muss jeder Einzelne selbst für sich ergründen. Wenn Sie spüren, dass in Ihnen etwas nach individueller Verwirklichung drängt, sei es

Geld, Ruhm oder Ansehen, und Sie spüren, dass Sie wirklich Energie für die Umsetzung dieses Drängens haben, dann gehen Sie dem am besten nach. Wenn es Sie aber nicht wirklich danach drängt, sondern es sich eher um Vorstellungen und Glaubenssätze darüber handelt, wie Sie sein sollten, beruhigen Sie am besten Ihren Verstand. Spüren Sie die Freiheit, »Sie selbst« zu sein, und Ihre Individualität und Einzigartigkeit! Nur im Bewusstsein Ihrer Einzigartigkeit hat Kollektivbewusstsein einen Sinn. Um diese sinnhafte Verbindung von Individualität und Kollektivbewusstsein geht es in Grün.

Früher oder später erwacht in jedem Menschen die Frage nach dem Sinn. Auf dieser Stufe geht es nicht um einen kollektiv vorgegebenen Sinn (wie in Blau), sondern um das persönliche Gefühl der Sinnerfüllung, um den Schritt vom Beruf zur Berufung, ja noch mehr: Wir erkennen, dass die Materie, so angenehm sie auch sein mag, uns keinen Lebenssinn geben kann. Wenn wir reich sind, können wir nicht mehr Luft atmen, nicht mehr Wasser trinken, nicht mehr Kleider tragen als der

Arme. Wir erfahren, dass ein Ferrari oder ein Kleid von Dior uns nicht dauerhaft glücklich machen kann, und hinterfragen den Sinn des Materialismus. Die Idee »Wer mit den meisten Spielsachen stirbt, hat gewonnen!« erscheint uns absurd. Doch auch hier ist es wichtig, nicht die vorangegangene Stufe zu bekämpfen. Materialismus ist nicht schlecht, aber er hat seine Grenzen. Wir erfahren, dass wir Sinn und Erfüllung gemeinsam mit anderen erleben können, in der Verbundenheit von Mensch und Natur, in der Egalität der Menschen. Wir spüren, dass wir in einer Ehe, die auf Ebenbürtigkeit beruht, wesentlich mehr menschliche Wärme und Verbundenheit erfahren, als in einer, in der beide Partner gegeneinander in Wettbewerb treten (orange), oder in einer, in der sich einer dem anderen unterordnet (blau). Und so gründen wir Kommunen, wählen Grün und vergessen oft den Wert unserer Persönlichkeitskonturen, die wir in der orangen Phase aufgebaut haben.
Wir singen »Freunde unterm Himmelszelt, diesen Kuss der ganzen Welt«, reißen Hierarchien nieder

und wundern uns, dass uns die weniger komplex entwickelten Lebensformen dies nicht danken. Warum? Stellen Sie sich eine Raupe vor, die sich eingesponnen hat, um ein Schmetterling zu werden. Wenn jetzt ein »Entwicklungshelfer« kommt und die Puppe aus ihrem Kokon »befreit«, hat er ihr nicht geholfen, sondern ihre Entwicklung zum Schmetterling zerstört. Dies aber wissen wir im Anfangsstadium von Grün noch nicht. Das Unbehagen von Grün gegenüber Entwicklungshierarchien besteht vor allem dann, wenn die vorangegangenen Meme als belastend erlebt wurden, beispielsweise als patriarchalisch-unterdrückend (blau) oder als rücksichtslos-sinnentstellend (orange).

Tatsächlich gibt es Hierarchien, die ungesund sind: Die höheren Ebenen unterdrücken die unteren. Dies ist jedoch ein Kennzeichen für unerlöste Hierarchien und gilt nicht für Hierarchien an sich; die gesamte Natur besteht aus ihnen. Pathologisch gewordene Ego-Hierarchien möchten aufgelöst, Entwicklungshierarchien dagegen als sinnvoll erkannt und genutzt werden. Falls wir

ein persönliches Problem mit Hierarchien haben, schenkt uns dieses Buch die Möglichkeit, unsere vorangegangenen Meme zu stärken und zu heilen, um nicht in Grün zu stagnieren.
In der Welt bietet Grün Hilfe bei globalen Herausforderungen an: Selbstbestimmung, Ökologie, Pluralismus, Menschenrechte, Befreiungsbewegungen. Wenn es sich jedoch für die Welt engagiert, aber dabei die natürlich bestehenden Hierarchien niederreißen will, statt sie sinnvoll zu verwalten, wird es elitär und widernatürlich, ohne dies zu bemerken.
In der Haltung dieses universellen Pluralismus ist man wirklich egalitär und postkonventionell. Das Problem ist nur, dass die meisten Menschen, denen man begegnet, diese Einstellung nicht teilen. Sie sind nach wie vor zutiefst egozentrisch oder ethnozentrisch, und das ist auch völlig in Ordnung so, denn sonst würden wir in Grün stagnieren. Wir können Terroristen nicht mit Friedensgesängen begegnen, das heißt, wir können es tun, aber es wird sie nicht alle erreichen. Menschen, die vom grünen Mem inspiriert sind,

glauben oft, man müsse alle Menschen und alle kulturellen Bewegungen völlig gleich behandeln, weil keine Haltung besser sei als die andere, was logisch, aber evolutionsfremd erscheint - und wie sieht es dann mit den Neonazis aus? Sie will der vom grünen Mem Inspirierte dann doch meiden. Motto: »Ich bin so tolerant, ich könnte jedem in die Fresse hauen, der nicht so tolerant ist wie ich!« Das grüne Mem zeigt sich so als eine Avantgarde, die ihr Elitesein nicht wahrhaben will. Die Ablehnung von Hierarchien führt zu Orientierungsverlust und Strukturlosigkeit.

In seinem Buch *Boomeritis* betont der Philosoph und Gesellschaftsforscher Ken Wilber die Gefahren, in Grün stecken zu bleiben: »Weil die ›Baby-Boomer-Generation‹ der 60er Jahre Individualismus und Pluralismus schätzt, existiert hier ein hohes Maß an Selbstbezogenheit und Narzissmus, ein exzessives, egozentrisches Interesse an sich selbst, an der eigenen Bedeutung und Fähigkeiten‹, sowie ein Unterbewerten der Anderen und ihrer Beiträge. ›Ich mach' mein Ding, und du deins‹, und ›Sag mir nicht, was ich tun soll!‹, lauten die populären Zusammenfassungen dieses Standpunkts.« Weil der Narzissmus keine andere Wahrheit gelten lassen will als seine eigene, ist diese Kombination aus Pluralismus und Narzissmus laut Wilber eines der größten Hindernisse auf dem Weg zu einem integralen Standpunkt.

Die Stärke von Grün liegt in der Öffnung für andere Kulturen, der Wahrnehmung von Verbundenheit und in dem Recht, sich zu leben - unabhängig von Erfolg oder Nichterfolg. Die Egalität legt den Keim für die Toleranz und das Spüren der Alleinheit, auch wenn diese in dieser Phase bei den meisten Grünen noch auf die äußere Form beschränkt sind. Das grüne Mem ist das erste, das über den Lebenskampf und auch über den individuellen Traum hinausgeht. Seine hohe Qualität liegt im Vertrauen in das grundlegende Gutsein des Menschen. Die nachfolgende Übung hilft Ihnen, die Kraft des grünen Mems zu stärken.

Übung: Begeben Sie sich in eine bequeme Position, und beobachten Sie Ihren Atem. Spüren Sie die Erde unter sich, die Sie trägt. Spüren

Sie Ihr Vertrauen in die Erde, die alle Pflanzen, Tiere und Menschen hervorgebracht hat, auch Sie. Sinken Sie in sie hinein. Lassen Sie sich von ihr tragen. Spüren Sie das Urvertrauen, spüren Sie, dass Sie gehalten und getragen werden - so wie Sie sind. In diesem Urvertrauen geben Sie sich hin. Nehmen Sie wahr, wie alles von Ihnen abfällt, was Sie bisher belastet hat. Spüren Sie sich selbst. Wann immer Sie sich in Stress oder Disharmonie befinden, geben Sie sich der Erde hin. Gehen Sie in dieses Urvertrauen, in das reine Sein. Sich der Erde hinzugeben, sich von ihr tragen zu lassen, ist der Weg, die universelle Energie durch sich wirken zu lassen.

Alle rudern die Kanus gemeinsam, schöpfen und rudern, rudern und schöpfen, und das Ufer wird erreicht.

Weisheit der Kahunas

Das Gehirn ist zu Millionen von verschiedenen Dingen fähig. Es kann uns auf eine höhere Ebene unserer Existenz bringen, wo wir die Welt wirklich auf eine tiefere Weise verstehen können, wo wir unsere Beziehungen zu Dingen und zu Menschen auf eine tiefere Weise verstehen können, und letztendlich können wir uns selbst und der Welt mehr Sinn geben.

Wir können zeigen, dass es einen spirituellen Teil unseres Gehirns gibt, zu diesem Teil haben wir alle Zugriff, und wir können es alle wirklich tun.

Dr. Andrew Newberg

Integrieren und für das Ganze denken

Viele Menschen denken, ökologisch zu leben sei der Gipfel der menschlichen Verwirklichung und der bestmögliche Umgang mit universeller Energie, doch wie wir bereits im letzten Kapitel erkannt haben, hat auch ökologisches Bewusstsein seine Grenzen, wenn es zu egalitär verstanden wird. Wir leben in einer Welt, in der alle Entwicklungsstufen gleichzeitig existieren. Und so suchen wir, nachdem wir unsere Verbundenheit mit anderen Menschen und Kulturen, mit Pflanzen und Tieren entdeckt haben, einen Weg, diesen unterschiedlichen Stufen gerecht zu werden. Das verlangt von uns eine Verlagerung des »Fixpunktes«, um den unsere Entwicklung bisher kreiste. Auch wenn Grün bereits einen kollektiven Traum darstellt, handelt es sich hierbei doch noch um einen egozentrischen Standpunkt. Er ist zwar nicht mehr individuell wie bei Orange, sondern ist in ein »Gruppenego« eingebettet, aber er ist ichzentriert. Wenn wir aber erkennen, dass das Ich nicht das Maß aller Dinge ist, selbst wenn es alles beinhaltet, was ist, erkennen wir, dass wir eine Standortverlagerung brauchen, um das Ganze mittragen zu können. Und damit sind wir bereits auf der nächsten Entwicklungsstufe von Grün zu

Gelb, dem integralen Bewusstsein, das nicht mehr das Ich als Mittelpunkt sieht, sondern für das Ganze und durch das Ganze denkt, lebt und handelt. Während wir in Orange noch individuelle Träume hatten und in Grün noch kollektive (Frieden, Gleichheit, Brüderlichkeit), sind wir im gelben Mem vom universellen Traum inspiriert. Erstmals kämpfen wir nicht mehr mit der Schöpfung, sondern begleiten sie. Hier erst beginnt die zweite Stufe des Menschen im Sinne der Evolution, die Don Beck »Second Tier« nennt und die im Kleinen beginnt. Ein sehr schönes Beispiel stammt von Timothy Speed und soll an dieser Stelle als Symbol für das gelbe Mem stehen:

»Ein Poet (›grünes Mem‹) und ein Krieger (›rotes Mem‹) begegnen sich in zwei unterschiedlichen Situationen. Beide stehen gegensätzlich zum Paradigma des anderen. Beide sind Ausdruck von Wahrheiten, sie leben ihr Leben vom selben gemeinsamen Kern ausgehend, haben sich aber in andere Richtungen entfaltet. Das Schlachtfeld ist der Ort, an dem der Krieger zu Hause ist. Die Kulturveranstaltung ist dem Poeten vertraut. Der

Krieger verkörpert Mut und Kampf als universelle und absolute Fixpunkte. Der Poet verkörpert Schönheit als wichtigen Fixpunkt. In ihrer jeweiligen Umgebung (Krieger-Schlachtfeld, Poet-Kulturveranstaltung) ermöglichen ihnen ihre Kerne, entsprechend den Erfordernissen wahrzunehmen und zu handeln. Doch sobald sie jeweils ins andere Paradigma wechseln, der Poet auf einem Schlachtfeld steht und der Krieger bei der Kulturveranstaltung auftaucht, werden ihre Fixpunkte zu Rahmen, die sie daran hindern, situationsgerecht zu agieren. Sie haben so lange in der einen Welt gelebt, dass sie den Bezug zu ihrem inneren Wandel verloren haben. Sie haben sich selbst nur noch mit dem jeweiligen Fixpunkt identifiziert, statt zu verstehen, dass alle Fixpunkte in unserem Inneren in Zyklen fließen und unser Selbst aus dem jeweiligen Augenblick erwächst und nur als Integration aller Fixpunkte für die Ewigkeit gebaut ist.

Beispiel: Der Poet schreibt ein Gedicht und wird währenddessen erschlagen. Was woanders ein wichtiger Fixpunkt ist, Schönheit, wird plötzlich zu einer Mauer, er merkt nicht mehr, wie sein Inneres stagniert, wie sein Handeln ihn längst an eine an der Oberfläche liegende Rolle gedrängt hat, kann seine innere Stimme nicht mehr hören, die ihm laufend sagt, dass er weglaufen soll. Er gerät in eine Krise, bis sich die verkrusteten Rollen lösen und neue Kerne integrieren, indem also der Poet Mut entfaltet und der Krieger Sensibilität.«

Im Klartext bedeutet es: Wer sich auf fremdem Parkett bewegt, sollte so flexibel sein, dessen »Spielregeln« zu beherrschen - zu dieser Flexibilität inspiriert das gelbe Mem. Im gelben Mem beharren wir nicht mehr auf unseren eigenen Ideen, sondern vertreten das Ganze. Stets haben wir die Wahl zwischen Rahmenbildung und Integration. Wenn wir Hierarchien plattmachen wollen, wird uns das nicht überall gelingen. Dann grenzen wir aus. Dies tun auch die Grünen, sie verurteilen ja die Hierarchien und etablierte Strukturen. Wir bauen Zäune und kapseln uns ab, um unseren Standpunkt/Fixpunkt zu schützen.

Wenn es uns aber gelingt, unseren Fixpunkt zu verlagern, erkennen wir, was das »größere Ganze« durch uns erleben möchte. Wie aber verlagern wir unseren Fixpunkt? Auch hier bringt Timothy Speed ein schönes Beispiel:
»Nehmen wir an, Sie kommen zu einer Verabredung. Zwei (nachfolgend ›Engel‹ genannt) sind Ihren Anliegen sympathisch gesonnen, drei (nachfolgend ›Dämonen‹ genannt) nicht. Wenn Sie sich nun auf die Seite der zwei Engel schlagen, entsteht eine Spaltung und Fronten werden gebildet. Sie bauen mit den ›Engeln‹ Rahmen und spalten. Das Projekt bekommt Probleme. Aber wenn Sie sich zu den drei ›Dämonen‹ schlagen, werden die zwei Engel vielleicht beleidigt sein. Sie verlieren alte Sicherheiten. Ihr neuer Fixpunkt versteckt sich hinter den Dreien. Wenn Sie sich den drei ›Dämonen‹ zuwenden, werden Sie die Werte der ›Dämone‹ integrieren (deren Fixpunkte) und wie durch ein Wunder wird deren Projekt friedlicher gelingen.«
Was bedeutet dies im Klartext? Speed: »Wenn Sie jemanden nicht mögen, bedeutet dies, dass dieser

etwas hat, das Sie nicht haben, aber für Ihr Gleichgewicht erforderlich ist. Er ist anders als Sie. Er verkörpert genau genommen die Angst vor der eigenen Entwicklung. Sie erahnen, dass jeder in jedem enthalten ist. Frieden ist die Vervollkommnung des eigenen Potenzials durch fortlaufende Integration. Durch seine Integration tragen Sie dazu bei, den Dualismus und die Spaltung der Welt zu lösen. Wenn es nichts mehr gibt, das Sie ablehnen, erkennen Sie sich selbst als die Quelle allen Lebens. Finden Sie also heraus, *wer* Sie gerade schwächt, und *integrieren* Sie das, was Ihnen gerade geboten wird. Sie müssen nicht die Person integrieren, aber den Fixpunkt, den er Ihnen reicht.«

Beispiel: Ist Ihr Chef »spießig« und nörgelt an Ihnen herum, weil Ihr Büro ein Chaos ist, so ist der Fixpunkt, den er Ihnen bietet, Ordnung zu integrieren.

Sie erkennen, dass eines der Geheimnisse im gelben Mem darin liegt, »Schatten« zu integrieren, indem das im unangenehmen Fixpunkt verborgene Licht ergründet und angenommen wird. Dies führt dazu, dass wir Projektionen zurücknehmen und dadurch vollständiger werden. Speed hierzu: »Die ›Dämonen‹ sind zahlreich und wollen uns der scheinbaren Harmonie entreißen. Aber in Wahrheit sind sie die heimlichen Engel. Wenn Sie sich nur mit denen umgeben, die so sind wie Sie, werden Sie sich nicht weiterentwickeln. Der ›Höllenritt‹ ist das Mittel, mit dessen Hilfe wir Integration von Rahmen unterscheiden können. Es bedarf also einer Kultur des inneren Wandels statt äußerer Besitztümer.«

Inspiriert vom gelben Mem lassen wir auch alle Urteile darüber los, dass eine Entwicklungsstufe besser sei als die andere. Wir treten zurück, um genau hinzuschauen. Wie sagt man so schön: »Die Dummheit steht in der ersten Reihe - um gesehen zu werden. Die Intelligenz in der letzten - um zu sehen.« Zugleich sind wir in »Gelb« auch in der Lage, uns abzugrenzen. Wenn uns beispielsweise ein arbeitsloser Freund anruft, um sich mit uns am Telefon »die Zeit zu vertreiben«, und wir unter »orangem« Arbeitsdruck stehen, verstehen wir es, das Telefonat kurz zu halten. Wir lassen uns nicht in eine »grüne« Soße von Egalität hineinziehen, und trotzdem halten wir die Verbundenheit hinter den Dingen »grün«. Egalität - so wertvoll sie ist, um Sympathie erleben zu können, so hinderlich kann sie sein, wenn unsere Lebensaufgabe gerade Leistung erfordert und sie zur Diktatur wird. Wenn grüne Aussteiger sich auf einmal wieder für die Leistungsgesellschaft interessieren, weil sie auch in ihr spirituelle Qualität vermuten, muss das kein Rückfall in »Orange« sein - oft handelt es sich hierbei um die evolutionsbedingte nächste Stufe.

Wir setzen, inspiriert durch »Gelb«, in dieser Stufe unsere Energien genauso ein, wie es die Situation erfordert: in Notfällen rote Kraft, bei Chaos blaue Ordnung, bei der Suche nach Einkommen orangen Leistungswillen und in Beziehungen grüne Verbundenheit. Je vertrauter wir mit dem gelben Mem werden, umso mehr verlassen wir die Ebene äußerer Integration und beginnen, die Dinge in uns zu integrieren. Wir brauchen als Poet nicht mehr vor dem Krieger im Außen wegzulaufen oder ihn zu bekämpfen, sondern wir wandeln den Krieger in uns. Was auf der vorangegangenen Stufe gefährlich war, wird auf der nachfolgenden eine Tugend - womit wir uns bereits auf die Reise hin zum türkisen Mem machen.

Wir erkennen an dieser Stelle: Jede Entwicklungsstufe ist wertvoll. Jedes Mem, das wie eine Welle unsere Entwicklung flutet, ist ein fundamentaler Bestandteil aller folgenden Wellen und muss daher gewürdigt werden, denn alle Ebenen haben Wertvolles und Wichtiges beizutragen. Im Denken des 1. Ranges (»First Tier«) bekämpfen sich die Meme noch gegenseitig: Rote Fundamentalisten wollen die orangen Kapitalisten in die Luft sprengen; traditioneller Mystizismus verschließt sich der wissenschaftlichen Moderne; oranges Konkurrenzdenken widersetzt sich grüner Verbundenheit (nach oben) und geht gegen die traditionelle Ordnung (blau) vor, und grüner Egalismus bekämpft Materialismus (nach unten) sowie natürliche Hierarchien (nach oben). Das

gelbe Mem zu leben bedeutet also: Projektionen zurücknehmen. Die ganze Spirale fördern, in sich und dem anderen je nach Situation das am besten geeignete Mem aktivieren. Es bedeutet das komplette Loslassen von Verurteilungen weniger komplexer Lebensformen - stattdessen können wir jede Entwicklungsstufe in uns und außen darin fördern, »sich selbst zu leben«, und das ist das endgültige Ende jeglichen Moralismus'. Egalitäre Strömungen sind gepaart mit natürlichen Rangebenen, es herrscht ein freies Fließen zwischen den Ebenen. Der Einsatz der »universellen Energie«, inspiriert durch das gelbe Mem, bedeutet also, in jedem und allem stets das »große Ganze« zu sehen, frei von vorgefertigten Meinungen.
Die nachfolgende Übung hilft Ihnen, das gelbe Mem zu stärken:

ÜBUNG: Nehmen Sie sich eine Entscheidung vor, die Ihnen wichtig ist. Es kann sich dabei um Ihren Beruf handeln, Ihre Beziehungen, Ihre Familie, aber auch um Nationen oder die ganze Erde. Beispiele könnten sein: »Soll ich noch länger in diesem Beruf bleiben?«, »Ist dieser Partner der richtige für mich?«, »Was würde meiner Firma gerade helfen?« Fühlen Sie, wie Ihr Atem ein- und ausströmt. Denken Sie Ihren Namen, beispielsweise mit den Worten: »Ich bin ... (Name)«. Finden Sie Ihre innere Mitte. Aus ihr heraus probieren Sie gedanklich einige Entscheidungen aus. Wie fühlen Sie sich bei dem Gedanken, Ihren derzeitigen Beruf aufzugeben beziehungsweise sich für »Alternative A« zu entscheiden? Wichtig ist es, in dieser Phase in Ihre Ideen hineinzufühlen, ohne zu denken. Nachdem Sie wahrgenommen haben, wie Entscheidung A sich für Sie anfühlt, fühlen Sie sich in Entscheidung B hinein: Wie fühlen Sie sich, wenn Sie Ihren Beruf beibehalten, bei Ihrem Partner bleiben beziehungsweise sich für »B« entscheiden?

Wichtig ist, dass Sie hierbei nicht Ihre Emotionen befragen, sondern Ihren inneren Sinn für »Stimmigkeit«, der sich mit fortwährendem Üben entfaltet.

Nun wechseln Sie die Identität. Sie verlagern quasi Ihren Fixpunkt, indem Sie sich vorstellen, Sie seien die nächstgrößere Einheit, beispielsweise die Summe aller an Ihrer Entscheidung beteiligten Faktoren – Ihr Ehepartner, Ihre Firma inklusive Kollegen, Ihr Freundeskreis. Sagen Sie sich gedanklich: »Ich bin ... (Name der Einheit)!« Fühlen Sie, welche Entscheidung für diese Einheit, die ja auch Sie selbst beinhaltet, die beste wäre.

Als Drittes stellen Sie sich vor, Sie seien das Ganze und die Entwicklung der gesamten Menschheit würde in Ihnen stattfinden. Sagen Sie: »Ich bin ... (die Erde).« Wenn Ihnen dieser Gesichtspunkt zu global ist, richten Sie Ihr Brennglas auf Ihre jeweilige Lebenssituation, aber achten Sie dabei darauf, auch Ihre sogenannten Feinde mit zu integrieren. Welche Entscheidung stimmt für »das Ganze«? Fühlen Sie diese Form der Stimmigkeit.

Es kann sein, dass Sie zu scheinbar widersprüchlichen Standpunkten kommen. Nehmen wir einmal an, Sie überlegen, Ihren Beruf als Angestellter aufzugeben und Kunstmaler zu werden. Hier werden Sie vielleicht, wenn es nur um Sie selbst geht, das Aussteigen aus dem konventionellen Broterwerb und die Zuwendung zur Muse als den Ihnen gemäßen Ausdruck der Selbstverwirklichung empfinden. Nehmen Sie aber das Ganze als Ihre Familie wahr, so empfinden Sie, dass der sichere Broterwerb der Ausbildung Ihrer Kinder und der Versorgung Ihrer Ehefrau dient, und Sie entscheiden sich, Ihrer Muse lediglich in der Freizeit zu frönen. Wenn Sie dann Ihrem Idealberuf als »das Ganze« nachspüren, erkennen Sie, dass Sie inspirierendere berufliche Strukturen brauchen, und Sie schauen sich nach einer Arbeit um, in der durch Sie Verwirklichung geschehen und ein wertvoller Beitrag zum Ganzen erwachsen kann - vielleicht arbeiten Sie zukünftig für eine Werbeagentur, in der Sie Ihren Sinn für Ästhetik mit Profit verbinden können?

Von Max Peschek stammt ein politischer Vergleich mit dem Afghanistankonflikt. Er zeigt, wie die anderen in das gelbe Mem integriert werden:

»Zunächst geht es für viele schlicht ums Überleben: Beige. Um die zerstörenden Kräfte von Purpur und Rot zu bändigen, braucht es Blau (Polizei und Militär sowie eine Ordnung, die Sicherheit gibt; ein König ist dafür eine ideale Verkörperung), Orange (wirtschaftliche und technologische Entwicklung, unabhängige Medien) und darauf aufbauend Grün (Menschenrechte, Frauenbefreiung). Vor allem braucht es aber – dort wie hier – Politiker, die aus Gelb heraus handeln, das heißt aus dem Bestreben, die Gesundheit der ganzen Spirale zu fördern, je nach Bedarf blau, orange oder grün handeln, gegebenenfalls auch purpur oder rot, anstatt sich mit anderen Memen darüber zu streiten, wessen Perspektive die richtigere ist. Die Gesundheit der ganzen Spirale ist die Hauptdirektive, nicht die Bevorzugung irgendeiner Ebene.«

Wenn wir uns die bisherige Evolutionsspirale anschauen, erkennen wir, wie ein komplexerer Umgang mit der universellen Energie auf einem primitiveren aufbaut. Die individuelle Ökonomie, Demokratie, Technologie und Moderne von

»Orange« wird für einen Menschen, der bisher im blauen Mem eingesperrt war, als Befreiung erlebt, wirkt aber auf einen, der vom grünen Mem inspiriert ist und seine Seele atmen lassen möchte, als beengender Konsumterror. »Beige«, »Purpur«, »Rot«, »Blau« und »Orange« sind individuelle Träume in wachsender Komplexität. Bei »Grün« finden wir erstmals einen kollektiven Traum, Frieden und Gleichheit. In »Gelb« entdecken wir den universellen Traum, Wahrheit und allumfassende Integration.

Die universelle Energie durch das gelbe Mem zu kanalisieren, ist ein recht fortgeschrittener Weg, da er nicht mehr auf Blockbildung aus ist, sondern auf Integration. Zum gelben Mem gehören auch die Nichteinmischung in fremde Angelegenheiten und die Übernahme der Verantwortung für das eigene Leben. Wir kanalisieren die universelle Energie, um Integrationsstrukturen zu schaffen, aber noch nicht, um die Strukturen durch eine allumfassende, universelle Verantwortung von Grund auf in uns zu transformieren. Das gehört bereits zu dem holistischen Bewusstsein, auf das wir uns im folgenden Kapitel konzentrieren wollen. Erst im nachfolgenden »Türkis« finden wir eine Liebe ohne Dualismus, die Verwirklichung des »göttlichen Traumes«, das Erwachen des »göttlichen Träumers«, das sogenannte »holistische Bewusstsein«, das sogar über das universelle Bewusstsein hinausgeht.

> Wir befinden uns auf völligem Neuland in unserem Gehirn. Und weil wir auf völligem Neuland sind, verdrahten wir das Gehirn neu und stellen eine Verbindung zu einem neuen Konzept her. Schliesslich ändert es uns von innen heraus.
>
> *Dr. Joseph Dispenza*

Holistisches Bewusstsein

Erst auf der nächsten Entwicklungsstufe erleben wir im Umgang mit der universellen Energie vollverantwortliche Spiritualität. Diese türkisfarbene Stufe entspricht dem höchstentwickelten Bewusstsein, das derzeit auf der Erde existiert. Laut Don Beck ist immerhin ein Promill der Menschheit vom türkisen Mem inspiriert. 0,1 Prozent, das klingt zwar nach wenig, aber bezogen auf sieben Milliarden Menschen sind dies immerhin sieben Millionen.

Die Evolutionstheorie zeigt uns: Wann immer ein gewisser Prozentsatz einer Gattung die nächsthöhere Bewusstseinsstufe in sich stabilisierte, vollzog sich in der gesamten Gattung ein Bewusstseinssprung. Es wird allgemein angenommen, dass dieser Satz bei mindestens einem Prozent liegen muss. Ein Prozent reicht also. Es ist ähnlich wie mit der Erfindung des Computers. Als nur 0,1 Prozent der Menschheit einen PC hatten, hielten die meisten noch an der herkömmlichen Schreibmaschine fest und konnten sich nicht vorstellen, einen PC im Büro, geschweige denn in der eigenen Wohnung zu haben. Als aber ein Prozent der Menschen einen PC besaß, wurde diese Neuerung auf einmal modern.

Das Internet und die weltweite Vernetzung, die wir dadurch erfahren, sind Errungenschaften, die das grüne Mem und sein »gleiches Recht für alle« widerspiegeln. Die Suche nach globalen Lösungen, die die Eigenart und den Entwicklungsstand jeder Spezies beachten und dabei das Ganze im Blick haben (statt einfach nur zu »missionieren«), ist Ausdruck des gelben Mems.

Doch erst im türkisen Mem finden wir den Schlüssel, um uns selbst und die Welt zu heilen, unsere Welt. Die nachfolgende Übung soll Ihnen einen kleinen Vorgeschmack darauf geben, wie sich wandelndes Bewusstsein funktioniert.

ÜBUNG: Notieren Sie einmal drei Dinge, die Sie in Ihrem Leben stören. Nachfolgend Beispiele von Klienten:

- Ich bekomme keine guten Aufträge.
- Mein Partner ist grob zu mir.
- Meine Finanzen sind ständig knapp.

Und jetzt setzen Sie vor diese Dinge die Worte »Ich bin, dass«, also beispielsweise:

- Ich bin, dass ich keine guten Aufträge bekomme.
- Ich bin, dass mein Partner grob zu mir ist.
- Ich bin, dass meine Finanzen knapp sind.

Durch dieses »Ich bin, dass ...« übernehmen Sie die Verantwortung dafür, was Ihnen widerfährt. Es ist niemand »Böses« da draußen, der Ihnen irgendetwas antut, sondern Ihr »So-Sein« löst es aus. Indem ich akzeptiere, dass ich es bin, der genau diese Situation, in der ich mich befinde, kreiert hat, gewinne ich auch die Macht zurück, diese Dinge zu verändern. Nun kommen wir zu Schritt drei:

Legen Sie die Fingerspitzen Ihrer Hände aneinander, atmen Sie einmal tief durch und sagen Sie: »Ich bin, dass ... (Problem), und das kann sich ändern. Ich will, dass dieses ›So-Sein‹ verschwindet!« Dann klopfen Sie 21-mal mit dem Zeige- und Ringfinger der einen Hand auf die Punkte direkt vor und direkt hinter Ihrer Schädelspitze, während Sie gleichzeitig mit dem Zeige- und Ringfinger der anderen Hand auf die Mitte der Augenbrauen klopfen und an das Thema denken.

Danach legen Sie erneut die Fingerspitzen Ihrer Hände aneinander. Atmen Sie tief durch. Dann bilden Sie eine neue Formel, in der Sie das Gegenteil des Unerwünschten bejahen:

»Ich bin auch, dass ... (Lösung), und das kann sich steigern. Ich will, dass ... (Lösung) sich steigert!« Also zum Beispiel:

- »Ich bin *auch*, dass ich gute Aufträge bekomme, und das kann sich steigern ...«
- »Ich bin *auch*, dass mein Partner zärtlich ist, ...«

- »Ich bin *auch*, dass meine Finanzen reichlich vorhanden sind, ...«

Während Sie diese Formel sprechen, klopfen Sie 21-mal auf den sogenannten Gammutpunkt, der etwa ein Zentimeter unterhalb und zwischen den Knöcheln von Ring- und kleinem Finger liegt.

Wichtig bei der neuen Formel ist, dass sie realistisch ist. Das heißt, Sie verwenden kein Fantasiegebilde, sondern bauen auf einer bereits gemachten positiven Erfahrung auf, die Sie verstärken. Diese Methode wird gemeinhin als Klopfakupunktur bezeichnet und ist in verschiedenen Variationen und unter verschiedenen Namen wie »EFT«, »Dynamind-Methode« oder »EMDR« weithin bekannt. Sie kann hier dazu dienen, die Dinge selbstverantwortlich und für das Ganze zu wandeln.

Wir entdecken, dass wir die Welt nur »in uns« heilen können, und finden dadurch Zugang zu den Lehren der großen Avatare und Religionsstifter der Menschheitsgeschichte wie Jesus oder

Buddha. »Avatara« kommt aus dem Sanskrit und bedeutet »heruntersteigen«. Es ist das »Heruntersteigen« von der Arroganz, wir selbst hätten mit dem Leiden der Welt nichts zu tun, das »Heruntersteigen« von der »Abschieberitis« und dem Denken, der andere sei schuld. Wir erkennen am Beispiel der Fußwaschung Jesu, dass es genau um dieses Heruntersteigen geht. Nur wenn wir die Verantwortung nicht abschieben, sondern die Dinge in uns wandeln, können wir »Gleiches tun und mehr« im Sinne des Jesuswortes. Wir erfahren im türkisfarbenen Mem leibhaftig, dass wir selbst ausersehen sind, als solch ein transformierendes Bewusstsein zu agieren. Nicht mit der Idee, »etwas Besonderes« zu sein, sondern als Ausdruck des kollektiven Avatars, also als Bestandteil eines kollektiven Erwachens, bei dem jeder die universelle Energie dazu nutzt, den Teil der Welt zu transformieren, der von ihm berührt wird, und dabei Verantwortung für das Ganze übernimmt. Indem wir verstehen, dass die ganze Welt »in uns« stattfindet, können wir heilend und segnend durch die Welt gehen, was der derzeit

höchstmögliche Ausdruck von universeller Energie auf Erden ist. Warum dies funktioniert, war der Menschheit lange Zeit rätselhaft.
Die Entdeckung der Quantenphysik geht mit der Entwicklung des türkisfarbenen Mems einher. Und so ist es wichtig, dass wir uns in den nachfolgenden Kapiteln mit der Quantenphysik auseinandersetzen und mit dem, was sie uns, jedem Einzelnen, für den Umgang mit der universellen Energie zu sagen hat. Max Peschek schrieb dazu: »Die derzeit plausibelste Erklärung für die Evolution ist die Annahme, dass es eine Kraft gibt (Anmerkung: die Weltenseele, von Ken Wilber »Eros« genannt), die sich in und durch uns und in allen Lebewesen entfalten will, um sich letztendlich selbst zu erkennen. Jede Welle, jede Ebene will gekostet, der Hunger gestillt sein, bevor weiteres Suchen interessant wird. Haben wir uns auf einer Ebene innerlich und äußerlich hinreichend etabliert, ist der Hunger gestillt, entsteht Dissonanz: Eine neue Welle will hervortreten, und wir fühlen uns hin- und hergerissen zwischen alter und neuer Welle. An einem bestimmten Punkt, wenn die

Bereitschaft zur ›Ent-Identifikation‹ wächst, entsteht Einsicht in das, was passiert, durch Innenschau, Gespräche mit Freunden, Therapie, Meditation, und schließlich erscheint die Öffnung für eine neue Welle des Bewusstseins.«*
Gehen wir nun weiter, um ein Verständnis dafür zu erlangen, warum wir eine Wahl haben, die Dinge zu wandeln, und wie dies möglich ist.

Um das Quanten-Selbst und den Ort anzuerkennen, wo man wirklich eine Wahl hat, um den Geist anzuerkennen, wenn dieser Perspektivwechsel erfolgt, sagen wir, die Person wurde erleuchtet.

Goswami

* Friedrich, J. / Herrmann, T. / Peschek, M.: *Informatik und Gesellschaft*. Spektrum Akademischer Verlag 1995.

Alleine habe ich keine Hoffnung, meiner Einsamkeit zu entkommen. Der Stein hat keine Hoffnung, etwas anderes zu sein als der Stein. Aber durch Zusammenwirken fügt sich einer zum anderen und wird zum Tempel!

Antoine de Saint-Exupéry

Meine Welt, Ihre Welt – um wessen Welt handelt es sich eigentlich?

Es stellt sich die Frage: Gibt es »die Welt« überhaupt? Lebt nicht jeder in »seiner eigenen« Welt? Vor einigen Jahren gab es einmal einen Kinofilm mit dem Titel »Die fabelhafte Welt der Amélie«. Ein bekanntes Philosophiebuch heißt »Sophies Welt«. Solche Titel legen nahe, dass tatsächlich

jeder in »seiner« Welt lebt. Jeder von uns hat einen anderen »Standpunkt«, von dem aus er »die Welt« wahrnimmt, und einen eigenen Filter dafür. Jeder nimmt eigene Interpretationen vor, hat eigene Überzeugungen. Wir wissen heute dank der Gesetze der Quantenphysik, wie sehr der Beobachter die Ergebnisse beeinflusst, ja sie regelrecht prägt. Und dieses Wissen wird uns helfen, inspiriert vom grünen Mem optimal mit der universellen Energie umzugehen.
Unabhängig von der »eigenen« Welt gibt es ein kollektives Feld, das wir miteinander teilen und das sich über viele verschiedene Ebenen erstreckt. Sie können es vergleichen mit einer Exceltabelle, die viele Karteikarten hat, und genauso gibt es verschiedene Frequenzen »der Welt«. Auf der biologischen Ebene zeichnet sie sich durch unsere Ökologie aus, unser Eingebettetsein in die anderen Reiche der Natur, und ökologisch zu leben (grünes Mem) bedeutet, darauf zu achten, dass wir als Menschheit nicht den Ast absägen, auf dem wir sitzen. Auf der gesellschaftlichen Ebene finden wir »die Welt« in den Gesetzen der Länder, der Straßenverkehrsordnung, unserem Geld-,

Schul-, Bildungs- und Strafsystem (blaues Mem). Neben der Ebene menschlicher Gesetze gibt es auch geistige, die unser Erleben in weiten Teilen beeinflussen. Ganzheitlich betrachtet gibt es eine »Matrix«, ein kollektives Bewusstseinsfeld, in das das Menschsein eingebettet ist. In alten Zeiten wurde dieses Feld als »die große Mutter« verehrt. Unsere Beziehung zur Existenz ist wechselseitig. Wir wissen, dass die Existenz uns prägt - und dass wir sie prägen. Eine gute Beziehung zur Existenz zu pflegen bedeutet, die *geistigen* Gesetze zu kennen und sie zu leben. Ich muss wissen, nach welchen Gesetzmäßigkeiten die Welt funktioniert, damit ich nicht permanent gegen ihre Gesetzen verstoße, egal auf welcher Ebene: Wer falsch parkt, wird abgeschleppt. Wer kriminell wird, kommt ins Gefängnis. Und wer lieblos handelt, der darf sich nicht über mangelnde Zuwendung beklagen. Wer aber aus seinem natürlichen Empfinden heraus das Stimmige tut, der lebt in der Fülle. Aus einem erlösten Bewusstsein heraus (gelbes Mem, türkisfarbenes Mem) wissen wir, dass alle Welten gleichzeitig existieren, und wir können uns mühelos zwischen diesen einzelnen Ebenen bewegen.

Alles an deiner Persönlichkeit, was echt und wertvoll ist, entsteht aus dem Leuchten deiner wahren Natur, die hindurchscheint. Und das geht nie verloren. Nichts, das einen Wert hat, das echt ist, geht verloren.

Eckhart Tolle

Persönlichkeitsfacetten aus der Vergangenheit akzeptieren und ehren

Im Laufe unseres Lebens machen wir verschiedene Wandlungsphasen durch. Da gibt es das Baby, das Kind, den Jugendlichen in uns. Doch auch als Erwachsene entwickeln wir uns fortlaufend weiter. In der Sturm- und Drangzeit der Zwanziger werden wir vielleicht ein Yuppie oder ein Hippie, später ein solider Geschäftsmann, dann ein Philosoph, vielleicht sogar ein Heiler oder Mystiker. Wir können uns vorstellen, dass wir in Schichten wachsen, vergleichbar mit den Jahresringen eines Baumes. Vielleicht kennen Sie die Babuschka-Puppen: Da steckt eine Puppe in einer anderen drin, die in einer weiteren steckt und so fort. Und genauso sind auch wir Menschen.

Was haben jetzt die Babuschka-Puppen mit Entwicklung zu tun? Wir können davon ausgehen, dass wir im Laufe unseres Menschseins die Chance haben, verschiedene Meme zu leben und auch von einem Mem zum anderen zu wechseln, weil etwas in uns sich weiterentwickeln möchte. Zur Veranschaulichung noch einmal die Bedeutung der einzelnen Meme in der Kurzfassung:

Nehmen wir einmal an, Sie entstammen einem traditionellen Elternhaus, in dem eine organisierte Religion gepflegt wurde (blau). Sie ziehen nach ihrer Schulzeit in die Großstadt, machen dort Karriere (orange). Irgendwann kommen Sie in eine Sinnkrise, gleichzeitig werden Sie von Ihrem Vorgesetzten gekündigt, verlieren so Ihren Arbeits-

Stufenmodell der Evolution nach Ken Wilber	
1. beige	essen, trinken, überleben ohne die Unterscheidung von Gut und Böse
2. purpur	Unterscheidung von Gut und Böse
3. rot	der egozentrische Griff nach der persönlichen Macht
4. blau	Hierarchien, Patriarchalisches, Tradition, organisierte Religion
5. orange	leistungsorientiert, rationalistisch, materialistisch
6. grün	ökologisch, Verbundenheit, soziale Gerechtigkeit
7. gelb	natürliche Rangebenen integrieren und den eigenen Platz darin finden
8. türkis	allumfassendes, universelles Bewusstsein

platz und bekommen über Jahre keinen Job mehr. Statt sich für einen Versager zu halten, können Sie möglicherweise davon ausgehen, dass Sie vom orangen in das grüne Mem gewechselt sind, dieses aber erst noch entwickeln müssen. Irgendwann fühlen Sie sich mit allem verbunden, was ist, und es drängt Sie erneut in das Wirtschaftsleben hinein. Sie finden einen neuen Arbeitsplatz, aber Sie selbst sind ein anderer geworden, Ihr Denken ist weiter geworden und überschaut das Ganze (gelb).

In jeder Stufe ist es wichtig, die vorangegangenen Stufen zu ehren, da sie Ihnen wie die Ringe eines Baumes die Kraft für den jetzigen Schritt geben. Wenn Sie einen Lebensstil oder Lebensschritt, den Sie früher genutzt oder getan haben, verurteilen, schaffen Sie dadurch nur eine Spaltung innerhalb Ihrer »Jahresringe«. Sind Sie also jetzt in einer »grünen« Phase, so sollten Sie trotzdem den Manager in sich und in anderen ehren. Und wenn Sie eines Tages wieder am Wirtschaftsleben teilnehmen, etwa als Lebens- und Unternehmensberater, und sollten Sie dadurch wieder mit Struk-

turen konfrontiert werden, so sollten Sie sie nicht in »grüner Gleichmacherei« niederreißen, sondern souverän mit ihnen umgehen.
Das Ehren bezieht auch Bereiche ein, die Sie möglicherweise früher in nicht optimaler Weise gelebt haben. Vielleicht waren Sie mit dreißig Jahren größenwahnsinnig und sind mit Ihrer Idee, die Welt zu verändern oder gar Gott herauszufordern, auf die Nase gefallen. Dann ist es notwendig, auch mit dem eigenen Größenwahn liebevoll umzugehen, denn wenn Sie ihn verdammen, verdammen Sie zugleich alles, was Sie früher damit verbunden haben, beispielsweise Ihren Enthusiasmus. Sie sollten auf den alten Größenwahn weder - wie früher - blind hereinfallen noch ihn verteufeln, sondern eine liebevolle Beziehung zu ihm finden in dem Wissen, dass es diesen Anteil, diese Stimme in Ihnen gibt, die die Welt verändern will, die sich auch ausdrücken darf, die aber nicht die alleinige Wahrheit darstellt. Und ähnlich liebe- und humorvoll sollten Sie auch mit allen anderen Stimmen und Aspekten in sich umgehen - weil sie nur durch Ihre Liebe und Annahme heilen

und sich positiv wandeln können. Vielleicht wird auf dem Weg der (rote) Größenwahn zu (türkisfarbenem) integralem Bewusstsein, wer weiß?
In Wahrheit leben wir alle Meme gleichzeitig, aber in unterschiedlichen Anteilen. Ein Mem zu leugnen hieße, Krieg gegen sich selbst zu führen. Nur indem wir unsere Vergangenheit ehren, erwächst uns eine Zukunft. Dies bedeutet nicht, dass wir alles gutheißen sollen, was wir früher angestellt haben. Es bedeutet aber sehr wohl, unser Herz für uns selbst zu öffnen und zu erkennen, dass wir damals noch nicht die heutige Bewusstheit hatten, es bedeutet, uns selbst zu verzeihen - falls wir uns bisher verurteilt haben.

Beispiel: 10 Jahre Philosoph - 20 Jahre Unternehmensberater - 5 Jahre Aussteiger - 10 Jahre Manager - 2 Jahre Künstler

Übung: Notieren Sie, durch welche Entwicklungsstufen Sie in Ihrem Leben gegangen sind. Eventuell können Sie auch getrennte Listen anlegen, beispielsweise für Ihr Berufs- und Ihr

Privatleben. Dann beginnen Sie mit der ersten wichtigen Stufe. Verbeugen Sie sich geistig vor ihr, erweisen Sie ihr Ehre und gehen Sie so eine nach der anderen durch. Sie können dieses Integrieren früherer Berufe, Lebens- und Beziehungsformen auch durchführen, indem Sie für jede Stufe einen eigenen Zettel auf den Fußboden legen und einen Schritt nach dem anderen vollziehen. Auf Seite 116 und 117 finden Sie zwei Beispiele von Klienten und ein Leerraum für Ihr eigenes Beispiel:

Nur wenn Sie alle bisherigen Lebens- und Evolutionsformen annehmen, pflegen Sie einen liebevollen Umgang mit sich selbst. Es versteht sich von selbst, dass Sie alle bisherigen Berufe und natürlich auch alle Partner ehren sollten – Ihre Eltern, Großeltern, Ahnen. Das Prinzip ist immer dasselbe: Wenn Sie den nächsten Evolutionsschritt gehen beziehungsweise verkörpern, sollten Sie zwar die alte Lebensform hinter sich lassen – aber sie trotzdem ehren. Manchmal wird Sie vielleicht das Leben dazu auffordern, längst

Stufe	Klient A (Beruf)	Klient B (Privatleben)
1.	Beamter	Single
2.	Reiseleiter	Gigolo in ...
3.	Manager	Ehemann von ...
4.	Philosoph	überzeugter Single
5.	Unternehmens-berater	Lebenspartner von ...

überschritten geglaubte Lebensformen noch einmal anzugehen, weniger entwickelte Meme (wenn wir dies überhaupt so bewerten wollen) zu leben. Ein typisches Beispiel dafür ist der »Johannistrieb« bei Männern in den Wechseljahren und der Wunsch, sich noch einmal jung zu fühlen, bevor es auf das Alter zugeht. Indem Sie mit einem solchen Impuls, sollte er auftauchen, liebevoll und

Stufe	Sie selbst
1.	
2.	
3.	
4.	
5.	

bewusst umgehen, finden Sie einen Weg, auch »Nostalgisches« stimmig zu leben - ohne dadurch dieser Nostalgie zu verfallen.

Ich mache mir meine Lebensstufen bewusst – mein wahres Selbst, das ich bin, ist aber unberührt von alledem.

Ausblick

Man muss den Dingen
die eigene, stille, ungestörte
Entwicklung lassen,
die tief von innen kommt
und durch nichts gedrängt
oder beschleunigt werden kann,
alles ist austragen – und
dann gebären ...

Reifen wie der Baum,
der seine Säfte nicht drängt
und getrost in den Stürmen
des Frühlings steht,
ohne Angst,
dass dahinter kein Sommer
kommen könnte.

Er kommt doch!

Aber er kommt nur zu den
Geduldigen,
die da sind, als ob die Ewigkeit
vor ihnen läge,
so sorglos, still und weit ...

Man muss Geduld haben
Mit dem Ungelösten im Herzen,
und versuchen, die Fragen selber
lieb zu haben,
wie verschlossene Stuben,
und wie Bücher, die in einer sehr
fremden Sprache geschrieben sind.

Es handelt sich darum, alles zu leben.

Wenn man die Fragen lebt,
lebt man vielleicht allmählich,
ohne es zu merken,
eines fremden Tages
in die Antworten hinein.

Rainer Maria Rilke

Mit Mut in die Zukunft

Evolution war, bevor Sie in diese Welt eingetreten sind, und Evolution wird auch stattfinden, nachdem Sie diese Welt verlassen haben. Sie selbst sind ein Bindeglied zwischen dem, was vor Ihnen war, und dem, was nach Ihnen kommt. Martin Luther sagte einmal: „Und wenn morgen die Welt unterginge, pflanzte ich heute noch ein Apfelbäumchen!»

Ich glaube nicht, dass diese Welt untergeht. Ich glaube an ein universelles Bewusstseinsfeld, das ein großes Interesse daran hat, dass diese Evolution weitergeht. Um unsere Evolution anzuregen, erfahren wir jedoch immer wieder Herausforderungen, die wir mit unserem momentanen Bewusstsein fast nicht lösen können. So werden wir

immer wieder dazu angeregt, nach der nächsten Entwicklungsstufe zu streben.
Stets geht es darum, dem gerecht zu werden, was sich JETZT durch Sie entwickeln möchte. Wenn eine Raupe versucht zu fliegen, bevor sie ein Schmetterling ist, fällt sie vom Baum. Insofern ist es besser, zum eigenen Raupendasein zu stehen, wo wir noch Raupe sind, als so zu tun, als ob wir schon fliegen könnten. Dort, wo wir uns im Verpuppungsstadium zur nächsten Evolutionsstufe befinden, geht es darum, liebevoll und nachsichtig mit sich umzugehen, die eigenen Bedürfnisse zu beachten. Andere Raupen mögen vor einem Verpuppungsvorgang warnen und dazu aufrufen, sich weiter um Nahrung und das Kriechen zu kümmern. Doch wenn Sie spüren, dass sich in Ihnen etwas wandeln möchte, sollten Sie dem nachgeben; kümmern Sie sich aber zugleich auch um die materiellen Notwendigkeiten, soweit Ihnen das möglich ist. Wenn Sie sich dann als Schmetterling entfalten, dann gehen Sie liebevoll mit den Raupen um und auch mit den Schmetterlingen, die schon größer und weiter entwickelt sind als Sie.

Sie sind ein wertvoller Beitrag zur Evolution - und als solcher werden Sie gebraucht.

Mit den besten Wünschen
Ihr Kurt Tepperwein

Quellenverzeichnis

Arntz, William/Chasse, Betsy/Vicente, Mark: Bleep. VAK 2006.

Becker, A.: Gene, Meme und Gehirne. Geist und Gesellschaft als Natur. Eine Debatte. Suhrkamp 2003.

Blackmore, Susan: Die Macht der MEME. Spektrum Akademischer Verlag 2000.

Bly, Robert: Eisenhans. Ein Buch für Männer. Rowohlt 2005.

Dawkins, Richard: Das egoistische Gen. Rowohlt 1996.

Estes, Clarissa P.: Die Wolfsfrau. Die Kraft der weiblichen Urinstinkte. Heyne 1997.

Friedrich, J./Herrmann, T./Peschek, M.: Informatik und Gesellschaft. Spektrum Akademischer Verlag 1995.

Keyes, Ken jr.: Der hundertste Affe. Felicitas Huebner Verlag 1995.

Kimura, Y./Wilber, K./Cohen, A./Debold, E.: Bist du bereit, dich jetzt zu ändern? Zur Dynamik der menschlichen Transformation. Moksha Press, 2003.

Moog, Hanna/Anthony, Carol: I Ging, das kosmische Orakel. Atmosphären Verlag 2004.

Redfield, James/Murphy, Michael/Timbers, Sylvia: Gott und die Evolution des Universums. Ullstein 2005.

Satprem: Evolution II. Nach dem Menschen - wer? Vor allem aber nach dem Menschen - wie? Hinder & Deelmann, Institut für Evolutionsforschung. o. J.

Speed, Timothy: Gesellschaft ohne Vertrauen. Books on Demand GmbH 2005.

Spezzano, Chuck: Wenn es verletzt, ist es keine Liebe. Die Gesetzmäßigkeiten erfüllter Partnerschaft. Goldmann 2005.

Tolle, Eckhart: Eine neue Erde. Bewusstseinssprung anstelle von Selbstzerstörung. Arkana 2005.

Wegener, Franz: Memetik. Der Krieg des neuen Replikators gegen den Menschen. KFVR 2001.

Arbeitskreis Ken Wilber unter www.ak-wilber.de

Über den Autor

Kurt Tepperwein wurde 1932 in Lobenstein geboren. Er war erfolgreicher Unternehmer und langjähriger Unternehmensberater, bis er sich 1973 aus dem Wirtschaftsleben zurückzog und Heilpraktiker sowie Bewusstseinsforscher wurde, um nach den wahren Ursachen von Krankheit und Leid zu suchen.

In seiner Naturheilpraxis hielt er für seine Patienten Seminare ab, die so großen Anklang fanden, dass sie heute in vielen Ländern veranstaltet werden. Er absolvierte vielfältige Ausbildungen und erfuhr unzählige Ehrungen. Seit 1997 ist Kurt Tepperwein Dozent an der Internationalen Akademie der Wissenschaften, und diese weltweite Lehrtätigkeit führte ihn nach Indien, Bali, Ägypten, Sri Lanka, Aspen, Colorado, Kyoto und Tokio und Dohar/Katar und an viele andere interessante Orte, wo er nicht nur unterrichtete, sondern auch Land und Leute und die verschiedenen Kulturen und Philosophien studierte. Denn seine Ausbildung war und ist das Leben.

Sein umfassendes Wissen hat Kurt Tepperwein in mehr als 80 Büchern und Hunderten von Videos, DVDs sowie Audio-CDs veröffentlicht und Menschen in aller Welt mit seiner Fähigkeit fasziniert, auch komplizierte Zusammenhänge in wenigen Worten verständlich zu machen. Er versteht es meisterhaft, die materielle und geistige Sicht der Dinge zu einem harmonischen Ganzen zu vereinen, und die Anwendung des von ihm etablierten Mental-, des Intuitions- und des Kausaltrainings ist heute für unzählige Menschen, nicht nur für Topmanager, Spitzensportler und Lebensberater, ein unverzichtbarer Teil ihres Lebens.

Sie haben in diesem Kompaktratgeber erfahren, wie wichtig die geistig-seelische Entwicklung für das Bewusstsein jedes einzelnen Menschen ist. Möglicherweise haben Sie jetzt Interesse an einem Live-Seminar oder einem Heimstudienkurs. Detaillierte Unterlagen erhalten Sie über die:

Internationale Akademie der Wissenschaften (IAW)
St. Markusgasse 11 · FL-9490 Vaduz · Liechtenstein
Tel.: (0 04 23) 2 33 12 12 · Fax: (0 04 23) 2 33 12 14
E-Mail: go@iadw.com · www.iadw.com

Leserservice

Kurt Tepperwein persönlich oder in einem Heimseminar erleben:

Wünschen Sie, tiefer in das Thema dieses Buches einzusteigen, dann empfehlen wir Ihnen die folgenden Chancen zu nutzen:

Gewünschtes bitte ankreuzen!

Seminar/Ausbildung:

- ☐ Motivationsseminare mit verschiedenen Themen (Tagesseminare)
- ☐ Ausbildung zum/r Dipl. Lebensberater/in

Ausbildungen mit Felix Aeschbacher *(Lehrbeauftragter von K. Tepperwein):*

- ☐ Dipl. Mental-Trainer/in
- ☐ Dipl. Bewusstseins Trainer/in
- ☐ Dipl. Intuitions-Trainer/in
- ☐ Meditations-Trainer/in (Zertifikat)

Heimstudiengänge:

- ☐ Einführungslehrgang "Die 7 Schritte zur Erfolgspersönlichkeit"
- ☐ Dipl. Lebensberater/in
- ☐ Dipl. Mental-Trainer/in
- ☐ Dipl. Intuitions-Trainer/in
- ☐ Dipl. Seminarleiter/in
- ☐ Dipl. Erfolgs-Coach/in
- ☐ Dipl. Mental-Gesundheitsberater/in
- ☐ Dipl. Partnerschafts-Mentor/in

Gesamtprogramme:

- ☐ Gesamtseminar- und Ausbildungsprogramm der IAW
- ☐ Neuheiten der Bücher, CD und DVD-Programme von Kurt Tepperwein
- ☐ Gesundheitsprodukte-Programm

Dazu ein persönliches Geschenk:

- ☐ Die 20-seitige Broschüre "Praktisches Wissen kurz gefasst" von Kurt Tepperwein

Sie erhalten Ihre gewünschten Informationen selbstverständlich kostenlos und unverbindlich bei:

Internationale Akademie der Wissenschaften (IAW)
St. Markusgasse 11 · FL-9490 Vaduz
Telefon 00423 / 233 12 12 · Fax 00423 / 233 12 14
E-Mail: go@iadw.com · Internet: www.iadw.com

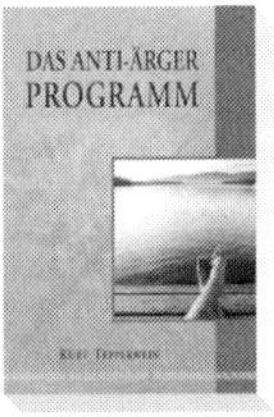

208 Seiten, broschiert
ISBN 978-3-89845-347-9
€ [D] 6,95

Kurt Tepperwein

Das Anti-Ärger-Programm

Sicher geht es Ihnen wie den meisten Menschen: Sie ärgern sich – manchmal mehr, manchmal weniger, aber immerhin: Sie ärgern sich ... ob über Ihren Nachbarn oder über Ihren Arbeitsplatz. Ärger ist für manche schon zu einem Teil ihres Lebens geworden und bringt sie regelmäßig aus dem Gleichgewicht.

Dieses Buch geht daher bewusst tiefer und beleuchtet Ihre Gedanken und Einstellungen und führt Sie über die geistigen Gesetze zu den Fragen nach dem Sinn des Lebens. Die Selbstanalyse hilft Ihnen, sich selbst und Ihre Ziele besser kennenzulernen, und in praktischen Übungen lernen Sie, wie Sie diese auch erreichen. Dann heißt es: Schluss mit dem Ärger – und Sie können endlich ja sagen zu einem erfüllten und bewussten Leben.

152 Seiten, broschiert
ISBN 978-3-89845-187-1
€ [D] 6,95

Kurt Tepperwein

Dein Zahlenschlüssel

Durch diesen Zahlenschlüssel erfahren wir Entscheidendes über unsere Fähigkeiten und Eigenschaften, die wir aus früheren Leben mitgebracht haben, und Interessantes über unseren »geheimen Persönlichkeitskern«. Wir erkennen den Sinn unseres Lebens und unsere Hauptcharaktereigenschaften ... Wir haben so die Möglichkeit, unser Schicksal selbst zu gestalten und unsere Lebenssituation aktiv zu verbessern.

190 Seiten, gebunden
ISBN 978-3-89845-366-0
€ [D] 14,90

Heinrich R. Hrdlicka

Der Zufall und seine Gesetzmäßigkeiten

Liebesbotschaften der Engel

Heinrich H. Hrdlicka hat seit Jahrzehnten Kontakt zu einer Gruppe von Engelwesen, deren Botschaften er uns hier vermittelt. Sie weisen uns den Weg zu einem neuen Lebensverständnis und lehren uns, auch in scheinbar zufälligen Situationen einen tiefen Sinn zu sehen. Die Engelwesen bieten praktische Lebenshilfe, indem sie uns wieder zu unserer eigenen Intuition führen und uns deutlich machen, wie wir den oft grau erscheinenden Alltag besser verstehen und ihn bewusst, ohne Angst und in Liebe leben können.
Ein originell gestaltetes und unkonventionell geschriebenes Buch mit praktischer Lebenshilfe aus Engelperspektive.

256 Seiten, broschiert
ISBN 978-3-89845-362-2
€ [D] 14,90

Pierre de Forêt

Seelengeheimnisse und psychische Welten

Pierre de Forêt berichtet, wie er als junger Mann aus seinem physischen Körper »ausgestiegen« ist und Astralreisen in die feinstoffliche Welt unternommen hat, zu denen er von seinem Begleiter, einem Wesen aus dem Jenseits, abgeholt wurde. Durch Forêt erfahren wir die »neue« Sicht der geistigen Welt zu Themen wie zwischenmenschliche Beziehungen, Mensch, Tier und Pflanze, Engel, christlicher Glaube und kosmisches Gesetz. Darüber hinaus übermittelt Forêts Begleiter uns den authentischen Wortlaut der Zehn Gebote.
Ein Buch, das dem Leser das Gefühl vermittelt, nach langer Suche endlich angekommen zu sein!

152 Seiten, gebunden
ISBN 978-3-89845-226-7
€ [D] 14,90

Kazuo Murakami

Der göttliche Code des Lebens

Ein neues Verständnis der Genetik

Dieses in viele Sprachen übersetzte Buch ist einer der besten Beiträge zur Frage der Interaktion zwischen Genen, Umwelt und Bewusstsein. Der japanische Biowissenschaftler Murakami geht der Frage nach, ob positive Gefühle Gene aktivieren können oder, anders ausgedrückt, ob der Geist etwas mit dem körperlichen Wohlbefinden zu tun hat. Glück, Freude, Inspiration oder Dankbarkeit können nützliche Gene aktivieren – das ist das Ergebnis der Forschungen dieses Genetikers, der seine Erkenntnisse in diesem Buch in klarer und allgemeinverständlicher Form darlegt – und so endlich der weit verbreiteten These, das Schicksal sei bereits im Genom festgelegt, eine deutliche Absage erteilt.

184 Seiten, Klappenbr.
ISBN 978-3-89845-289-2
€ [D] 12,90

Franziska Krattinger

2012 – Seelenpower

Die Zeitenwende als Chance

Die Zeit scheint zu rasen, und jeder fühlt sich unter Druck gesetzt. Warum? – In der Zeit des Wandels erhöht sich die Energie deutlich, und so kommen die inneren Haltungen, Ängste und Denkweisen immer direkter zum Ausdruck. Die unterschiedlichsten Zukunftsprognosen über das, was die Menschheit bis 2012 zu erwarten hat, erreichen uns zudem täglich. Sie können sich nun treiben lassen und alles für bare Münze nehmen, was Ihnen als »Wahrheit« präsentiert wird. Sie haben jedoch auch die Option, sich selbst einen Überblick zu verschaffen, um Ihre persönliche Wahrheit zu erkennen. Es lohnt sich!

Ja, ich möchte gerne weitere Informationen erhalten.

Bitte senden Sie mir Informationen

- ❍ per E-Mail *oder* ❍ per Post
- ❍ zum Verlagsprogramm
- ❍ zu den Novitäten
- ❍ zu Seminaren

Ihr Interesse wird belohnt!

Unter allen Einsendern verlosen wir monatlich 10 Exemplare unseres Buchtipps des Monats.

Einsendeschluss ist jeweils der 15. des laufenden Monats. Die Gewinner werden schriftlich benachrichtigt, der Rechtsweg ist ausgeschlossen.

Name, Vorname

Telefon E-Mail

Straße, Hausnummer

Land, PLZ, Ort Unterschrift

Ich erkläre mich damit einverstanden, dass der Verlag »Die Silberschnur« meine Daten zu Direktmarketingzwecken verwenden darf.